U0060224

中國與台灣
歷史大事年表
（增訂版）

中華五千年　台灣四百年　博古通今　一手掌握

簡清堯／編撰

簡清堯自我介紹

1941 年　　　　出生於南投縣草屯鎮

1947 年－53 年　就讀草屯國小。

1953 年－56 年　就讀草屯初中。

1957 年－60 年　就讀台中師範。

1960 年－63 年　分發於草屯鎮炎峰國小擔任級任教師。

1963 年－64 年　就讀台南師專。

1964 年－65 年　就讀台中師專。

1965 年－68 年　分發於草屯鎮炎峰國小擔任級任教師（期間 66 年至 67 年在南投市營盤國小）。

1968 年　　　　中學教師檢定及格，應聘於南投縣中興國中音樂專任教師。

1969 年－87 年　應聘於草屯國中音樂專任教師，我熱愛聲樂，先後師事廖朝墩，蓬靜宸二位教授學習。曾參加南投縣音樂比賽，得聲樂組第一名，期間帶領學生合唱團參加南投縣音樂比賽，屢獲第一名。代表南投縣參加中部五縣市愛國歌曲比賽曾獲第一名；參國全國年度音樂比賽，曾獲國中組合唱優等獎。87 年提早退休，出國進修。

1987 年－95 年　考入西班牙馬德里皇家音樂院（REAL CONSERVATORIO SUPERIOR DE MUSICA MADRID）學習小提琴演奏和音樂理論，和聲學一級老師是 José Antonio Merino Sánchez 教授；和聲學二級老師是 Augélica Zavala Mercedz 教授；和聲學三、四老師是 Valentín Ruíz 教授；對位法與賦格一、二、三級老師是 Juan Carlos Panadero 教授；作曲法一、二級老師是 Román Alís Flores 教授。小提琴演奏老師有 Ochandiano Rafael. León Medina Pedro 和 lgnacio Bugueras Motiel 三位教授。樂團指揮法老師是 Francisco García Nieto 教授。

1995 年－2010 年　回台後，與三位同學在台中成立晨曦樂團，在台中市文化中心、文化中心兒童館、南投市文化中心、鹿港龍山寺、美國馬禮遜學校，及社區或廣場，大小演出 68 場次。後因個人健康因素，中止團練。

2017 年－21 年　健康明顯好轉，開始寫作四部合唱曲，有滕王閣序、絃樂四重奏、山河戀組曲、台灣組曲、偶然春緒、滿江紅等 8 首。其中，山河變組曲、台灣組曲二首並附有管絃樂器伴奏，於今，已集結成「簡清堯合唱作品集」和「簡清堯器樂作品集」二冊，並由中國音樂書房出版發行，國家圖書館登錄字號是：ISBN-13：9786269568604 及 9786269568611。

同時，我認眞研讀歷史書籍，有——

《表解中國史》，劉翠清編著，大是文化有限公司出版。

《中國通史》，戴逸、龔書鐸主編，漢宇國際出版。

《中國歷史》，孫喜亮著，海鴿文化出版圖書公司出版。

《用年表讀通中國歷史》，雷敦淵、楊士朋著，商周出版城邦文化有限公司。

《彩圖易讀版中國史年表》，李光欣編，漢宇文化事業公司出版。

《中國名人懸案大破解》，王長安編著，好讀出版公司發行。

《史記的故事》，郭豐偉負責人，添翼文化事業公司出版。

《資治通鑒全書》，司馬光著，華志文化事業公司出版。

《史記新譯》，司馬遷著，韓兆琦注釋，三民書局出版。

《台灣史》，遠流台灣館編著，吳密察監修，遠流出版事業公司出版。

《台灣通史》，黃淑鈴、高永謀主編，漢宇國際文化公司出版。

《台灣史100件大事》李筱峰著，玉山社出版事業公司出版。

《台灣歷史圖說》，周婉窈著，聯經出版事業公司出版。

《用年表讀通台灣史》，劉瑋琦、廖珮芸著，商周出版城邦文化有限公司出版。

《伊能嘉矩台灣地名辭書》，大家/遠足文化事業公司出版

《情歸故鄉台灣地名探索》，洪英聖著，時報出版。

　　僅將我的讀書心得，交由白象文化事業有限公司發行，編撰成《中國與台灣歷史大事年表》壹書，仿效野人獻曝，報告呈先進和諸君面前。

敬祈斧正

簡清堯鞠躬

2023 年 3 月

目錄

中國歷史簡表

史前時代	舊石器時代		
	中石器時代		
	新石器時代		
	黃河文化	長江文化	
傳說時代（三皇五帝）約前 10000－約前 2200 計 7800 年			
夏	約前 2200－約前 1600 計 600 年		
商	約前 1600－約前 1046 計 554 年		
周 前 1046－前 256 計 790 年	西周前 1046－前 771 計 275 年		
	東周前 770－前 256 計 514 年	春秋前 770－前 476 計 294 年	
		戰國前 476－前 221 計 255 年	
秦 西楚	前 221－前 207 計 14 年 前 206－前 202 計 4 年		
漢 前 202－西 220 計 422 年	西漢前 202－西 8 計 210 年		
	新莽西 8－23 計 15 年		
	玄漢計 2 年 西 23－25	東漢西 25－220 計 195 年	
三國 西 220－280 計 60 年	魏計 45 年 西 220－265	蜀漢計 42 年 西 221－263	吳計 51 年 西 229－280
晉 西 265－420 計 155 年	西晉西 265－316 計 51 年		
	東晉 西 317－420 計 103 年	（匈奴、鮮卑、氐、羌、羯） 五胡十六國 五胡亂華西 304-439 計 135 年	
南北朝 西 386－589 計 203 年	南宋計 59 年 西 420－479	北魏 西 386－534 計 148 年	
	南齊計 23 年 西 479－502		
	南梁計 55 年 西 502－557 後梁西 555－587	西魏 西 535－557 計 24 年	東魏 西 534－550 計 16 年
	南陳計 32 年 西 557－589	北周 西 557－581 計 24 年	北齊 西 550－577 計 27 年
隋	西 581－619 計 38 年		

唐 西 618－907 計 289 年	 西 618－西 690^{武周}705－907 計 72 年 計 15 年 計 202 年		
五代十國西 907－979 計 72 年		遼（契丹） 計 209 年 西 916－1125 西遼計 94 年 西 1124－1218	西夏 西 1038－1227 計 189 年
宋 西 960－1279 計 319 年	北宋計 167 年 西 960－1127		
	南宋計 152 年 西 1127－1279	金計 119 年 西 1115－1234	
大蒙古國西 1206－1271　元西 1271－1368 　　　計 65 年　　　　　計 97 年			
明西 1368－1644 　　計 276 年			南明西 1644－1662 　　計 18 年
後金西 1616－1636　清西 1636－1912 　　計 20 年　　　　計 276 年			
中華民國西 1912 至今			
中華民國台灣西 1949 至今		中華人民共和國西 1949 至今	

年表　中國簡史

史前時代：舊石器時代、中石器時代、新石器時代。

史前文化：黃河文化、長江文化。

傳說時代（三皇五帝）約前 10000 -- 約前 2200，計 7800 年。

夏朝，約前 2200 -- 前 1600，計 600 年，13 代，16 王。

前 2183 禹

前 2176 啟（禹子）

前 2166 太康

前 2138 仲康（太康弟）

前 2125 相（仲康子）

前 2097（寒浞、澆）

前 2063 少康（相子）

前 2041 杼（少康子）

前 2024 槐（杼子）

前 1998 芒（槐子）

前 1980 泄（芒子）

前 1964 不降（泄子）

前 1905 扃（不降弟）

前 1884 廑（胤甲）（扃子）

前 1863 孔甲（不降子）

前 1832 皋（孔甲子）

前 1821 發（皋子）

前 1802 桀（履癸）

商朝，前 1751--前 1111，計 640 年，17 代 30 王。

前 1751 湯（天乙）

　　　　太丁（湯子）

　　　　外丙（湯子）

　　　　仲壬（外丙弟）

前 1738 太甲（太宗）（湯嫡長孫）

前 1726 沃丁（太甲子）

前 1697 太庚（沃丁弟）

前 1672 小甲（太庚子）

前 1655 雍己（小甲弟）

前 1643 太戊（中宗）（雍己弟）

前 1568 仲丁（太戊子）

前 1557 外壬（仲丁弟）

前 1542 河亶甲（外壬弟）

前 1533 祖乙（河亶甲子）

前 1513 祖辛（祖乙子）

前 1497 沃甲（祖辛弟）

前 1472 祖丁（祖辛子）

前 1440 南庚（沃甲子）

前 1415 陽甲（祖丁子）

前 1398 盤庚（陽甲弟）。遷都殷，歷 8 代 12 王，計 273 年。

前 1370 小辛（盤庚弟）

前 1349 小乙（小辛弟）

前 1339 武丁（高宗）（小乙子）

前 1280 祖庚（武丁子）

前 1273 祖甲（帝甲）（祖庚弟）

前 1240 廩辛（祖甲子）

前 1234 庚丁（康丁）（廩辛弟）

前 1226 武乙

前 1222 文丁、太丁

前 1209 帝乙（文丁子）

前 1174 帝辛（帝乙子）（紂）

西周期，前 1046 -- 前 771，計 275 年，13 王。

前 1046 武王姬發　武王率軍於牧野打敗商，攻入商都朝歌，隨後，定都鎬京，追封父親姬昌
　　　　　　　　　為文王。

前 1042 成王姬誦　周公輔正，管、蔡二叔聯合東夷部落判亂，史稱「三監之亂」，被周公（姬
　　　　　　　　　旦）擊敗。1036 周公還政於成王。

前 1020 康王姬釗

前 995 昭王姬瑕

前 976 穆王姬滿

前 922 共王姬繄扈

前 899 懿王姬囏

前 891 孝王姬辟方

前 885 夷王姬燮

前 877 厲王姬胡　841 厲王政策不得民心，國人暴動。

前 841 共和行政（周公、召公共治）信史開始。

前 827 宣王姬靜　秦莊公兄弟 5 人伐戎，取得勝利，秦國崛起的開始（824）。

前 781 幽王姬宮涅　被流放太子宜臼出奔申，聯合犬戎攻入鎬京，幽王自殺，西周滅亡。
　　　　　　　　　　（771）烽火戲諸侯。

東周春秋時代，前 770 -- 前 403，計 367 年，19 王。

前 770 平王姬宜臼，遷都雒邑（洛陽）。

前 719 桓王姬林

前 696 莊王姬佗　莊王 12 年（685）齊桓公登位，任管仲為相。

前 681 釐王（僖王）姬胡齊　釐王 3 年（679）諸侯於甄城會盟，是諸會盟的開始。

前 676 惠王姬閬　惠王 19 年（658）晉獻公使用假途滅虢之計，以擴大疆域。

前 651 襄王姬鄭　襄王 14 年（638）宋楚泓水之戰，宋襄公飲恨而亡。
　　　　　　　　　襄王 29 年（623）秦穆公稱霸西戎，滅國 12。

前 618 頃王姬壬臣

前 612 匡王姬班

前 606 定王姬瑜　定王元年（606）楚莊王陳兵洛陽，問鼎中原。
　　　　　　　　　定王 10 年（597）晉楚邲之戰，楚國大勝。

前 585 簡王姬夷　簡王 2 年（584）晉國巫臣出使吳國，教導吳國車戰，是「疲於奔命」計畫的

開始。

前 571 靈王姬泄心　靈王 20 年（561）孔子降生。

前 544 景王姬貴　景王 23 年（522）楚國內亂，貴族伍員（子胥）逃奔吳國。

前 520 悼王姬猛

前 519 敬王姬匄　敬王 14 年（506）吳王闔閭以伍子胥為軍師，孫武為帥，於柏舉戰勝楚軍，
　　　　　　　　攻入楚都城郢，敬王 41 年（479）孔子去世。

前 475 元王姬仁　元王 3 年（473）越王勾踐攻入吳國都城，夫差自殺，吳滅，越與諸侯徐州
　　　　　　　　會盟。

　　　　　　　　元王 6 年（470）軍事家孫武去世。

前 458 貞定王姬介　貞定王 16 年（453）魏斯文侯繼位，任用李悝變法，國力始強。

前 441 哀王姬去疾

前 441 思王姬叔

前 440 考王姬嵬

東周戰國時代，前 403 - 前 221，計 182 年 10 王。

前 403 威烈王姬午　威烈王 23 年（403）韓、趙、魏被冊封為諸侯，戰國時代開始。

前 401 安王姬驕　安王 12 年（390）吳起從魏國出奔楚國，主持變法，楚國國力增強。

　　　　　　　安王 26 年（376）有卓越學識的墨子去世。

前 376 烈王姬喜

前 368 顯王姬扁　顯王 10 年（359）商鞅在秦孝公的信任下開始變法

　　　　　　　顯王 16 年（353）齊國圍魏救趙，桂陵之戰打敗魏軍。

前 320 慎靚王姬定　顯王 33 年（336）秦惠文王 2 年，秦國開始統一鑄造銅幣。

　　　　　　　顯王 35 年（334）蘇秦遊說六國，訂立合縱連盟。

　　　　　　　顯王 41 年（328）張儀推動連橫，割地妥協奉秦國。

前 314 赧王姬延　赧王 8 年（307）趙武靈王開始胡服騎射的改革。

　　　　　　　赧王 26 年（289）宣揚儒家仁義思想的孟子去世。

前 306 秦昭襄王嬴則　赧王 9 年（306）—59 年（256）

　　　　　　　赧王 37 年（278）秦將白起攻楚，以五萬士卒擊破楚部，屈原投汨羅
　　　　　　　江而死。

　　　　　　　赧王 57 年（258）秦國因趙都城邯鄲，魏公子信陵君竊符救趙，大敗
　　　　　　　秦軍。

　　　　　　　赧王 59 年（256）周赧王崩，秦取九鼎。

前 250 秦孝文王嬴柱

前 249 秦莊襄王嬴子楚 秦國滅東周。

前 246 秦王嬴政 秦王政 20 年（227）燕太子丹使荊軻刺秦王，未遂被殺。

秦王政 26 年（221）秦國滅最後大諸侯齊，統一天下。戰國時代結束。

秦朝，前 221－前 206，計 15 年，3 帝。

前 221 始皇帝嬴政 始皇 27 年（220）築八條馳道，開靈渠。

始皇 28 年（219）東巡，於泰山封禪。

34 年（218）焚書。

35 年（212）坑儒。

37 年（210）始皇死於沙丘巡遊路上。胡亥矯詔，殺死太子扶蘇和將軍蒙恬自立帝。

前 209 二世嬴胡亥（始皇子）二世皇帝元年，7 月，陳勝、吳廣起義。

9 月，劉邦於小沛起兵，項梁於吳郡起兵（209）。

二世 2 年（208）趙高指鹿為馬。

二世 3 年（207）趙高殺二世胡亥，立子嬰，去皇帝號。

前 206 三世嬴子嬰（胡亥侄）12 月，項羽進駐關中，殺秦三世子嬰，秦亡。

西楚，前 206－前 202，計 4 年。

霸王項羽 206 項羽自稱西楚霸王，分封諸侯。

203 楚漢訂立合約，以鴻溝為界，東楚西漢。

漢王劉邦 205 項羽和劉邦戰於彭城。

202 項羽被圍垓下，自刎於烏江。楚亡，漢統一天下。

西漢朝，前 202 – 西 8，計 210 年，12 帝。

前 202 劉邦漢高祖　201 劉邦親率大軍，被匈奴圍困於白登。

196 韓信因功高蓋主，劉邦以謀反罪將其處死。

前 195 劉盈漢惠帝（劉邦子）

前 188 劉恭漢少帝（呂后養子）

前 180 劉恆漢文帝（劉邦第 4 子）　前元 180－164。

後元前 163－157。

前 157 劉啟漢景帝（文帝子）　前元 157－150。

156 景帝下達減輕刑法詔書，實行薄賦政策。

154，3 月，七諸侯謀反，5 月，景帝殺晁錯，向諸侯求和。

中元前 149－144，

後元前 143－141。

前 140 劉徹漢武帝（景帝子）。建元前 140－135。

140 董仲舒請求崇儒，為獨尊儒術的開始。

139 張騫第一次出使西域，至 126 計 13 年。

元光前 134－129

129 衛青第一次率軍出擊匈奴獲勝，為漢對匈奴作戰的開始。

元朔前 128－123

元狩前 122－117

119 衛青、霍去病出擊匈奴獲勝，封狼居胥山。張騫第二次出使西域。

元鼎前 116－111

元封前 110－105

109 武帝親臨現場監督治理黃河的皇帝。

太初前 104－101

天漢前 100－97

天始前 96－93

征和前 92－89

91 巫蠱之禍，太子劉據被迫起兵謀反，兵敗自殺。

89 武帝下（輪台罪己詔）

後元前 88－87

前 86 劉弗陵漢昭帝（武帝子）。始元前 86－80，

元鳳前 80－75

元平前 74－73。

前 73 劉詢（病已）漢宣帝。本始前 73－70，

地節前 69－66

66 大司馬霍光之子霍禹計畫廢宣帝，事敗，霍氏被族誅。

元康前 65－62

神爵前 61－58

五鳳前 57－54

甘露前 53－50

51 匈奴呼韓邪單于朝漢，至此，匈奴再也無力對漢邊疆產生威脅。

黃龍前 49－48

前 48 劉奭漢元帝（宣帝子），初元前 48－44，

永光前 43－39

建昭前 38－34

竟寧前 33－32

33 元帝以宮女王嫱（昭君）出塞與呼韓邪單于和親。

前 32 劉驁漢成帝（元帝子），建始前 32－29

河平前 28－25

陽朔前 24－21

鴻嘉前 20－17

18 成帝寵趙飛燕，廢許皇后。

永始前 16－13

16 王莽為新都侯，開始控制朝政。

元延前 12－9

綏和前 8－7

前 6 劉欣漢哀帝（成帝子）。建平前 6－3

元壽前 2－1

（西元開始）釋迦牟尼早於耶穌 554 年

西 1 劉衎漢平帝（宣帝玄孫）孺子嬰元始西元 1－5（王莽攝政）

1 太皇太后臨朝，以王莽為大司馬。

居攝西 6－8

初始西 8－9

8 王莽廢漢自立，國號「新」，西漢滅亡。

新朝，西元 8 -- 23，計 15 年。

王莽篡漢自立新帝，始建國西 9－13。

天鳳西 14－19。

17 荊州飢荒，綠林起義。

地皇西 20－23。

22 赤眉起義，縱橫齊魯大地

23 劉秀在昆陽戰勝王莽，攻入洛陽，王莽被殺，新朝亡。

玄漢朝，西 23 -- 25，計 2 年。

劉玄更始帝西 23－25

劉盆子建世帝

東漢朝，西 25－西 220，計 195 年，13 帝。

西 25 劉秀漢光武帝（劉邦九世孫）。建武西 25－56，

       30 下令恢復田租水準至三十取一。

       42 伏波將軍馬援攻破交趾（今越南），平定鎮南地區。

   中元西 56－57。

    57 日本使者來朝，光武賜「漢倭奴國王印」，是中日友好的開始。

西 58 劉莊漢明帝（光武子），永平西 58－75。

       64 明帝派使者前往天竺求佛，這是佛教東傳的開始。

       73 漢軍北伐，擊敗匈奴呼衍王，班超首次出使西域。

西 76 劉炟漢章帝（明帝子）。建初西 76－84，

   元和西 84－87，

   章和西 87－88。

西 89 劉肇漢和帝（章帝子）。永元西 89－105，

       91 北匈奴無法生存，只好西遷，進入歐洲裏海，是匈牙利人祖先。

       92 班固去世，共編纂的「漢書」，是斷代修史先河。

       100 許慎編「說文解字」，創中國字典學史。

       102 班超回國，拜射聲校尉，9 月去世。

   元興西 105。

    105 蔡倫改良造紙術。

西 106 劉隆漢殤帝（和帝第 2 子）。延平西 106。

西 107 劉祐漢安帝。永初西 107－113，

   元初西 114－120，

   永寧西 120－121，

   建光西 121－122，

   延光西 122－125。

西 126 劉保漢順帝。永建西 126－132，

   陽嘉西 132－135，

   永和西 136－141，

   漢安西 142－144，

   建康西 144。

西 145 劉炳漢沖帝（順帝子），永嘉西 145。

西 146 劉纘漢質帝。本初西 146。

西 147 劉志漢桓帝。建和西 147－149，

　　　　和平西 150，

　　　　元嘉西 151－152，

　　　　永興西 153－154，

　　　　永壽西 155－157，

　　　　延熹西 158－166，

　　　　永康西 167。

　　　　　　167 第一次黨錮之禍。

西 168 劉宏漢靈帝。建寧西 168－172，

　　　　　　　169 第二次黨錮之禍。

　　　　熹平西 172－178，

　　　　光和西 178－184，

　　　　　　178 靈帝與宦官在西園公開賣官。

　　　　　　181 張奐病死，著有「尚書記難」一書。

　　　　　　184 鉅鹿人張角、張寶、張梁三兄弟起兵反叛，史稱「黃巾起義」。

　　　　中平西 184－189。

　　　　劉辯漢少帝（靈帝子）。

西 190 劉協漢獻帝。初平西 190－193，

　　　　　　　190 關東諸侯自相攻伐，天下大亂。

　　　　興平西 194－195，

　　　　建安西 196－220，

　　　　　　196 曹操擁立獻帝，遷都許昌，控制朝政。

　　　　　　200 曹操與袁紹爆戰爭，為「官渡之戰」。

　　　　　　208 曹操與劉備，孫權聯軍戰於赤壁，曹軍戰敗，三國鼎立。

　　　　　　220 曹操病死，子曹丕繼位，篡漢稱帝，進入三國時代。

　　　　延康西 220。

三國時代，西 220-西 280，計 60 年。

魏國，西 220-西 265，計 45 年，5 帝。

西 220 曹丕魏文帝（曹操次子）。建元黃初西 220-226。

西 226 曹叡魏明帝（文帝子）。太和西 226-233，

青龍西 233-237，

景初西 237-239。

西 239 曹芳齊王帝魏廢帝（明帝子）。正始西 239-249，

239 曹芳繼位，年僅 8 歲，曹爽、司馬懿共同
輔政。

嘉平西 249-254。

249 司馬懿發動政變，殺死曹爽獨攬大權，史稱「高平陵之變」。

252 司馬師就任大將軍。

西 254 曹髦高貴鄉公帝（明帝侄兒，曹丕孫），正元西 254-256，

254 司馬師廢曹芳，立曹髦為帝。

255 司馬師卒，司馬昭掌權。

甘露西 256-260。

西 260 曹奐常道鄉公元帝，魏元帝（明帝堂弟）。景元西 260-264，

鹹熙西 264-265。

265 司馬昭卒，司馬炎繼任晉王位，隨即篡魏，建國號晉，為晉武帝。

西 265 司馬炎篡魏，為晉武帝。

蜀漢，西 221-西 263，計 42 年，2 帝。

西 221 劉備蜀漢昭烈帝蜀先主。章武西 221-223。

221 名將張飛去世。

223 劉備病死白帝城，形成三國鼎立。

西 223 劉禪蜀後主（昭烈帝子）。建興西 223-237，

234 司馬懿與蜀軍對峙，諸葛亮病逝。

延熙西 238-257，

250 姜維率數千人第五次伐曹魏。

景耀西 258-262，

炎興西 263。

　　　　魏將鄧艾經險峻之道攻入成都，後主劉禪投降，蜀亡。

西 263 降魏。

吳國，西 229－西 280，計 51 年，4 帝。

西 229 孫權吳大帝。黃武西 222－228，

　　　　黃龍西 229－231，

　　　　　　229 遷都建業。

　　　　嘉禾西 232－237，

　　　　赤烏西 238－250，

　　　　　　250 孫權龐太子孫和，立少子孫亮爲太子。

　　　　太元西 251，

　　　　神鳳西 252。

西 252 孫亮吳廢帝（大帝子）。建興西 252－253，

　　　　五鳳西 254－256，

　　　　太平西 256－258。

西 258 孫休吳景帝（大帝第 6 子）。永安西 258－264。

西 264 孫皓吳末帝。元興 264，

　　　　甘露西 265，

　　　　寶鼎西 266－268，

　　　　建衡西 269－271，

　　　　鳳凰西 272－274，

　　　　天冊西 275，

　　　　天璽西 276，

　　　　天紀西 277－280

　　　　　　280 晉將王濬攻入建業，吳末帝孫皓投降，吳國亡。

西 280 降晉

西晉朝，西 265--西 316，計 51 年，4 帝。

西 265 司馬炎晉武帝。泰始西 265－274，

咸寧西 275－279，

太康西 280－289，

太熙西 290。

西 290 司馬衷晉惠帝（武帝次子）。永熙西 290，

永平西 291，

元康西 291－299，

291 皇后賈南風專權，控制朝政，掀起「八王之亂」的序幕。

永康西 300，

永寧西 301，

太安西 302－303，

建成西 304，

304 流民李雄攻占成都，稱成都王。匈奴劉淵自稱大單于，改稱漢王，是「五胡亂華」開端。

永安西 304，

永興西 304－305，

光熙西 306。

西 306 司馬熾晉懷帝（惠帝弟），永嘉西 307－313。

306 晉懷帝繼位「八王之亂」結束。

311 劉聰、王彌攻陷洛陽擄晉懷帝至洛陽，史稱「永嘉之禍」。

西 313 司馬鄴晉愍帝（懷帝侄兒）。建興西 313－316。

西 316 遭劉曜軍圍困，愍帝出城投降，西晉亡。

東晉朝，西 318－西 420，計 102 年，11 帝。

西 318 司馬睿晉元帝（司馬懿曾孫，晉武帝堂侄）。建武西 317。

大興西 318－321，

永昌西 322。

西 322 司馬紹晉明帝（元帝子）。永昌西 322－323，

太寧西 323－325。

西 325 司馬衍晉成帝（明帝子）。太寧西 325－326，

咸和西 326－334，

　　　　成康西 325－342。

西 342 司馬岳晉康帝（成帝弟）。建元西 343－344。

西 344 司馬聃晉穆帝（康帝子）。永和西 345－356，

　　　　升平西 357－361。

西 361 司馬丕晉哀帝（成帝子）。隆和西 362－363，

　　　　興寧西 363－365。

西 365 司馬奕晉廢帝（哀帝弟）。太和西 366－371。

西 371 司馬昱晉簡文帝。咸安西 371－372。

西 372 司馬曜晉孝武帝（簡文帝第 3 子）。寧康西 373－375，

　　　　太元西 376－396。

　　　　　　　383 淝水之戰謝玄率領北府兵以少勝多，徹底擊潰前秦軍隊主力。

西 396 司馬德宗晉安帝（孝武帝子）。隆安西 397－401，

　　　　元興西 402－404，

　　　　義熙西 405－417。

西 418 司馬德文晉恭帝。西 418－420。

西 420 劉裕廢恭帝篡位，改國號宋，南朝開始

南北朝

北朝，西 386－西 581，計 195 年。

西 386 拓跋珪建魏國，史稱北魏，登國西 386－396，
　　　　皇始西 396－398。

西 398 拓跋珪遷都平城即帝位，北魏道武帝。天興西 398－404，
　　　　天賜西 404－409。

西 409 拓跋嗣北魏明元帝（道武帝子）。永興西 409－413，
　　　　神瑞西 414－416，
　　　　泰常西 416－423。

西 423 拓跋燾北魏太武帝（元帝子），始光西 424－427，
　　　　神麚西 428－431，
　　　　延和西 432－434，
　　　　太延西 435－439，西 439 年，北魏拓跋燾太延 5 年，滅五胡（五胡：匈奴、鮮卑、氐、羌、羯）十六國最後「前涼」，統一整個北方。
　　　　太平眞君西 440－450，
　　　　正平西 451。

西 452 拓跋余被殺，拓跋濬繼位爲北魏文成帝（太武帝孫）。興安西 452－453，
　　　　興光西 454，
　　　　太安西 455－459，
　　　　和平西 460－465。

西 465 拓跋弘北魏獻文帝（文成帝子）。天安西 466－467，
　　　　皇興西 467－471。

西 471 拓跋宏北魏孝文帝（獻文帝子）。下詔改變鮮卑族姓氏。延興西 471－475，
　　　　承明西 476，
　　　　太和西 477－498。

西 499 元格北魏宣武帝（孝文帝子）。景明西 500－503，
　　　　正始西 504－507，
　　　　永平西 508－511，
　　　　延昌西 512－515。

西 515 元詡北魏孝明帝（宣武帝子）。熙平西 516－517。
　　　　神龜西 518－519，

　　　　　正光西 520－524，

　　　　　孝昌西 525－527，

　　　　　武泰西 528。

西 528 爾朱榮立元攸爲帝，爲北魏孝莊帝。建義西 528，

　　　　　永安西 528－529。

西 530 爾朱兆立元曄爲帝（原長廣王），西 530－531。

西 531 爾朱世隆立元恭爲帝，爲北魏節閔帝（前廢帝）。普泰西 531－532。

　　　高歡擁元朗爲帝（復廢帝），中興西 531－532。（原安定王）

西 532 高歡廢元朗，改立元修（孝明帝堂弟）爲北魏孝武帝。太昌西 532，

　　　　　永興西 532，

　　　　　永熙西 532－533。

西 534 高歡立元善見爲東魏孝靜帝。天平元 534－537，

　　　　　元象西 538，

　　　　　興和西 539－542，

　　　　　武定西 543－550。

西 550 高洋篡東魏，改國號齊，爲北齊文宣帝。天保西 550－559。

西 555 北齊立蕭淵明爲帝。

西 559 北齊高殷繼位（文宣帝子），爲北齊廢帝。乾明西 559－560。

西 560 北齊高演自立爲帝，爲北齊孝昭帝。皇建西 560－561。

西 561 北齊高湛（高演弟）立，爲北齊武成帝。太寧西 561，

　　　　　河清西 562－565

西 565 高緯北齊後主（武成帝子）。天統西 565－569，

　　　　　武平西 570－575，

　　　　　隆化西 576。

西 577 高恆北齊幼主（高緯子），承光西 577。

　　　北齊被北周攻滅，北方歸於統一。

西 534 宇文泰立元寶炬爲西魏文帝。大統西 535－551。

西 551 西魏元欽（文帝子）立。大統西 552－554。西魏廢帝。

西 554 西魏元廓爲西魏恭帝。西 554－556。

西 555 蕭詧在江陵稱帝，爲西魏附庸。

西 556 宇文護迫北魏恭帝禪位周公宇文覺。

西 557 宇文覺篡位，改國號周。後追諡周孝閔帝，北周西 557。

　　　宇文護廢周孝閔帝，立宇文毓爲周明帝。西 557－559。

　　　　　武成西 560。

西 560 宇文護立宇文邕（文毓弟）爲北周武帝。保定西 561－565，

　　　　　天和西 566－571，

　　　　　建德西 572－577，

　　　　　宣政西 578。

西 578 宇文贇（文邕子）立，爲北周宣帝，大成西 579。

西 579 周宣帝傳子宇文衍，爲北周靜帝。大象西 579－580，

　　　　　大定西 581。

西 581 楊堅篡北周，改國號隋，爲隋文帝。

南朝，西 420－西 589 年，計 169 年。

西 420 劉裕篡東晉，改國號宋，爲南宋武帝。永初西 420－422。

西 422 劉義（武帝子）南宋少帝。景平西 423－424。

西 424 劉義隆南宋文帝。元嘉西 424－453。

西 453 劉劭殺父文帝自立。

　　　劉駿伐劉劭卽帝位，爲南宋孝武帝（文帝第 3 子）。孝建西 454－456，

　　　　　大明西 457－464。

西 464 劉子業（孝武帝子）南宋前廢帝。永光西 465，

　　　　景和西 465。

西 465 劉彧（文帝第 11 子）南宋明帝。泰始西 465－471。

　　　　泰豫西 472。

西 472 劉昱（明帝子）南宋後廢帝。元徽西 473－477。

西 477 劉準南宋順帝。昇明西 477－479。

西 479 蕭道成篡宋，改國號齊，爲南齊高帝。建元西 479－482。

西 482 蕭賾（高帝子）南齊武帝。永明西 483－493。

西 493 蕭昭業（武帝孫）鬱林王。隆昌西 494。

　　　蕭昭文海陵王。延興西 494。

西 494 蕭鸞南齊明帝。建武西 494－497，

　　　　永泰西 498。

西 498 蕭寶卷（明帝子）南齊東昏侯。永元西 499－501。

西 501 蕭寶融南齊和帝。中興西 501－502。

西 502 蕭衍篡齊，改國號梁，爲南梁武帝。天監西 502－519，在位 47 年

普通西 520－526，

大通西 527－528，

中大通西 529－534，

大同西 535－546，

中大同西 547，

太清西 547－549。

西 549 蕭綱（武帝子）南梁簡文帝。大寶西 550－551。

西 551 蕭棟

侯景自立爲帝，國號漢。

西 552 梁蕭紀在成都稱帝。

梁蕭繹在江陵即位，爲南梁元帝。承聖壬 552－555。

西 555 蕭方智梁敬帝。紹泰西 555，

太平西 556。

西 557 陳霸先篡南梁，改國號陳，爲南陳武帝。永定西 557－559。

西 559 陳蒨（武帝侄兒）陳文帝。天嘉西 560－566，

天康西 566。

西 566 陳伯宗（文帝子）臨海王南陳廢帝。光大西 567－568。

西 568 陳頊廢廢帝臨海王。

西 569 陳頊（文帝弟）即帝位，爲南陳宣帝。太建西 569－582。

西 582 陳叔寶（宣帝子）南陳後主，至德西 583－586。

禎明西 587－589。

西 589 南陳被隋軍攻滅，南北朝時代結束。

隋朝，西 581‑‑西 618，計 37 年，2 帝。

西 581 楊堅篡北周，改國號隋，爲隋文帝。開皇西 581－600，

584，6 月隋開鑿廣通渠三百餘里。

587 開江淮間運河。發動十萬多人修築長城。

597 中國科舉制度誕生。

600 日本遣使小野妹子抵隋。

仁壽西 601－604。

西 605 楊廣（文帝子）弒君，隋煬帝。大業西 605－617。

607，3 月遣朱寬等入海訪異俗，至琉球。

611 農民起義爆發。

西 617 代王楊侑隋恭帝。義寧西 617－618。

617，5 月，李淵於晉陽起兵，攻入長安。

618，3 月，江都兵變煬帝被殺，5 月，李淵廢隋恭帝，即位稱帝，建立唐朝。

西 618 李淵廢隋恭帝，建立唐朝，爲唐高祖。

唐朝，西 618 -- 西 907，計 289 年，23 帝。

西 618 李淵唐高祖。武德西 618－626。

　　　　　　　624 頒布均田令和租庸調制，廣大農民安居樂業。

西 627 李世民（李淵子）唐太宗。貞觀西 627－649。

　　　　　　　626，6 月李世民發動玄武門之變，殺死太子李建
　　　　　　　成，齊王李元吉。8 月，李淵退位爲太上皇，李世
　　　　　　　民即位，改元貞觀，爲唐太宗。

西 650 李治（世民子）唐高宗。永徽西 650－655，

　　　　　　　650 立王思正孫女王氏爲皇后。
　　　　　　　654，3 月，立太宗才人武氏爲昭儀，11 月，立武昭
　　　　　　　儀爲皇后。

　　　顯慶西 656－661，

　　　　　　　656，1 月，廢太子李忠爲梁王，立武后長子李弘爲太子。

　　　龍朔西 661－663，

　　　　　　　662，3 月，薛仁貴敗鐵勒於天山。

　　　麟德西 664－665，

　　　乾封西 666－668，

　　　總章西 668－670，

　　　　　　　668，9 月，唐滅高句麗。

　　　咸亨西 670－674，

　　　上元西 674－676，

　　　　　　　675，4 月，太子李弘死，6 月，立武后次子李賢爲太子。

　　　儀鳳西 676－679，

　　　調露西 679－680，

　　　永隆西 680－681，

　　　開耀西 681－682，

　　　永淳西 682－683，

　　　弘道西 683。

　　　　　　　683，12 月，高宗駕崩，太子李顯（武后第 3 子）即位，爲唐中宗。

西 683 李顯（高宗子武則天第 3 子）唐中宗。嗣聖西 684。

西 684 中宗被廢，李旦（武則天第 4 子）繼位，爲唐睿宗西 684。

　　　　　　　684，2 月，中宗被廢，弟李旦

即位。9 月，徐敬業於揚州起兵謀反。

武則天稱帝，國號周。睿宗李旦爲皇嗣，賜姓武。光宅西 684，

垂拱西 685－688，

685，2 月，立登聞鼓與肺石於朝堂，有冤情者可以擂鼓立石告之。

686，3 月，設銅匭於朝。密告之風大起。

永昌西 689，

載初西 690，

690，9 月，武則天稱帝，改國號爲周，以睿宗李旦爲皇嗣，賜姓周。

天授西 690－692，

如意西 692，

692，10 月，武則天遣王孝傑等戰勝吐蕃，重設安西四鎮。

摩尼教傳入。

長壽西 692－694，

延載西 694，

694，9 月，武則天加尊號「天冊金聖神皇帝」。

證聖西 695，

695，3 月，王孝傑擊契丹，戰死。4 月，重鑄九鼎。

天冊萬歲西 695－696，

萬歲登封西 696，

萬歲通天西 696－697，

神功西 697，

697，1 月，初設武舉。12 月，分安西都護府天山以北之地爲北庭都護府。

聖曆西 698－700，

久視西 700，

大足西 701，

長安西 701－704。

西 705 武則天（曌）被迫退位，李顯中宗復位復唐。11 月武皇病逝。神龍西 705－706，

705，1 月被迫退位，2 月，李顯即位，復唐，11 月，武則天病逝。

706，武三思將張東之等王貶之殺之。

景龍西 707－709。

707，4 月，金城公主與吐蕃和親。

7月，太子李重俊發動政變，失敗被殺。

西 710 李顯中宗遭毒殺，廢少帝，李旦睿宗復璧。景雲西 710－711，

710 中宗遭韋皇后和安樂公主毒殺。6月李隆基和太平公主殺韋皇后，太平公主，擁睿宗李旦復辟。

太極西 712，

712，8月，李旦傳位李隆基，爲唐玄宗（明皇）。

延和西 712。

西 712 李旦睿宗傳位李隆基（第 3 子）唐玄宗（明皇）。先天西 712－713，

開元西 713－741，

713，2月，封靺鞨大祚榮爲都督，渤海郡王。7月，賜死太平公主。

716 山東蝗災起。

719，10月，冊封突騎蘇祿爲忠順可汗。

725 僧一行鑄水運渾儀，地平令儀。

728 訂「開元大衍曆」。

736 唐玄宗倦政。

737，4月，廢太子。

738 封南詔皮邏閣爲雲南王，賜姓蒙歸義（唐六典）成書。

天寶西 742－756。

753 高僧鑒眞抵日。

754 唐朝極盛時期。

755，11月，安祿山以討伐楊國忠爲名起兵范陽。

西 756 安祿山造反，在洛陽稱帝，國號燕。玄宗逃離長安，殺楊貴妃。

李亨即位，爲唐肅宗。至德西 756－758。

757，1月，安祿山被其子安慶緒所殺。9月，唐朝回紇軍收復長安。

758，8月，以郭子儀等九節度使圍攻安慶緒於相州（鄴郡）。

乾元西 758－760，

759，3月史思明殺安慶緒。4月，稱大燕皇帝。9月，攻占洛陽。

上元西 760－761。

西 762 李豫（廣平王李俶）（肅宗子）唐代宗。寶應西 762－763，

762，4月，玄宗、肅宗相繼去世，李豫立，爲唐代宗。

廣德西 763－764，

763，1月，史朝義自縊，安史之亂結束。10月，吐蕃攻占長安，代宗逃奔陝州。

永泰西 765－766，

大曆西 766－769。

西 780 李適（代宗子）唐德宗。建中西 780－783，

780，1 月，楊炎建議，廢租庸調制，改行兩稅法。

783，10 月，涇原兵變，德宗出奔奉天。節度史朱泚稱帝，國號秦。

興元西 784，

784，1 月，李希烈稱帝，國號楚。8 月，殺顏真卿。

貞元西 785－805。

786，4 月，李希烈被部將毒死，奉天之難平定。

803 日本派藤原葛野磨入唐，學問僧空海隨行。

西 805 李誦（德宗子）唐順宗。永貞西 805。八個月後退位。

805，1 月，順宗重因王叔文進行改革，爲「永貞革新」，8 月，宦官俱文珍軟禁唐順宗，擁立太子李純，爲唐憲宗。

李純（順宗字）唐憲宗。元和西 806－820。

806 白居易作「長恨歌」，學問僧空海返回日本，真言宗從此傳入日本。

813 李吉甫撰「元和郡縣圖志」成著。

819 李師道被部將劉悟所殺，淄青平定。

西 820 李恆（憲宗子）唐穆宗。長慶西 821－824。

西 825 李湛（穆宗子）唐文宗。寶曆西 826－827，

826，10 月，劉克明殺敬宗，立其弟李昂，爲唐文宗。

太和西 827－835，

835，11 月，「甘露之變」宦官將朝臣屠戮一空，唐朝徹底喪失對地方的控制。

開成西 836－840。

837 河陽發生軍亂，左金吾將軍李執方爲河陽節度使，平息叛亂。

840，1 月，文宗去世，仇士良擁立其弟李炎即位，爲唐武宗。

西 840 李炎（文宗弟）唐武宗。會昌西 841－846。

845，7 月，武宗下令廢佛、祆教、景教、摩尼教等也下令禁毀，並令僧徒還俗。

846，3 月，武宗死，宣宗立。4 月，牛僧孺爲相。

西 846 李忱（皇叔）唐宣倧。大中西 847－859。

　　　　　　　　　848 張議潮於沙州起義，逐吐蕃，占據沙州。

　　　　　　　　　859，8 月宣宗死，立其子李漼，為唐懿宗。12 月，浙
　　　　　　　　　東裘甫起義。

西 859 李漼（宣宗子）唐懿宗。大中西 859－860，

　　　　　　　　　860，2 月，裘甫大敗唐軍，自稱天下都使兵馬使，
　　　　　　　　　改元羅平，鑄印稱天平。

　　　咸通西 860－873。

　　　　　　　866，9 月，唐軍擊退南詔軍，收復交趾。

　　　　　　　868，7 月，徐泗軍龐勛在桂州起義北歸。10 月，攻占徐州。

　　　　　　　869，9 月，龐勛戰敗犧牲，起義失敗。

西 873 李儇（懿宗少子）唐僖宗。咸通西 873。

　　　乾符西 874－879，

　　　　　　　875 濮州人王仙芝，尚讓等起義爆發。

　　　　　　　878 王仙芝兵敗被殺，義軍推黃巢為黃王，自稱「沖天大將軍」，建元王
　　　　　　　霸。

　　　　　　　879 黃巢自福建入廣東，9 月，攻占廣州。

　　　廣明西 880－881，

　　　　　　　880，12 月，義軍入長安，黃巢稱帝，國號大齊。

　　　　　　　881，1 月僖宗逃至成都，田令孜專制朝政。

　　　中和西 881－885，

　　　　　　　882 唐令李克用鎮壓起義軍。9 月朱溫叛黃巢降唐，賜名全忠。

　　　　　　　883，3 月朱溫任宣武節度使，4 月，李克用攻入長安，黃巢東逃。

　　　　　　　884，6 月，黃巢在泰山狼虎谷自殺，起義失敗。

　　　光啟西 885－888。

　　　　　　　888 僖宗駕崩，弟李曄即位，是唐昭宗。

西 888 李傑改名李曄（僖宗弟）唐昭宗。龍紀西 889，

　　　　　　　889，2 月，黃巢殘部外號「食人魔」的秦宗權被押解長安處斬。

　　　大順西 890－891，

　　　　　　　890，2 月，楊行密襲取潤州。12 月孫儒破蘇州。

　　　　　　　891，8 月，王建攻占成都，稱西川留後。

　　　景福西 892－893，

　　　　　　　893，5 月王潮占福州等，自稱留後。9 月，以錢鏐為鎮海軍節度使。

乾寧西 894－898，

　　896，7 月，李茂貞攻長安，唐昭宗出奔。

　　898，8 月，昭宗重返長安，改元光化。

光化西 898－901，

天複西 901－904，

　　903，1 月，李茂貞被迫求和，送昭宗予朱溫。朱溫擁昭宗還京後大殺宦
　　官。

天祐西 904。

　　904，1 月，朱溫脅迫昭宗遷都洛陽。8 月，朱溫殺昭宗，立其子李祝，
　　爲哀帝。

西 904 李祚立，改名李祝，唐哀帝。唐昭宣帝（昭宗第 9 子）。

天祐西 904－907。

　　905 發生白馬之禍。楊行密死，子楊渥繼任，軍政大權歸徐溫。

西 907 朱全忠簒唐，改國號梁，爲後梁太祖。五代開始。

五代時期，西 907‥西 960，計 53 年。

後梁西 907－923，計 17 年 3 帝。

西 907 朱全忠（朱溫，朱晃）簒唐，改國號梁，後梁太祖。開平西 907－910，907 唐哀帝被
　　　返禪讓，朱溫改名朱晃，卽帝位，建國號梁，史稱後梁，蜀王建自立稱帝，
　　　國號蜀。

　　乾化西 911－912。

西 912 朱友桂（太祖第 3 子）。912 朱溫爲三子朱友珪所殺，自立爲皇帝。（6 月）

西 913 朱友貞（太祖第 4 子）梁末帝。乾化西 913－914。

　　　　　　　　　　　　913，2 月朱友貞殺朱友珪，爲後梁末帝。

　　貞明西 915－920，

　　　916，12 月耶律阿保機稱帝，建立契丹國，建元神冊，爲遼太祖。

　　　918 遼太祖崇尚漢化，下詔建立孔廟，佛寺，道觀。

　　　920 遼國頒行契丹文字。

　　龍德西 921－923。

　　　921，5 月，遼國制定法律，確定官員爵位。

　　　922，契丹改元爲天贊。

後唐，西 923 -- 936，計 14 年 4 帝。

西 923 李存勗後唐莊敬宗。

　　　　同光西 923－926。（李克用子）

　　　　　　923，4 月，晉王李存勗稱帝，國號唐，史稱後唐。10 月，唐軍攻入開
　　　　　　封，後梁亡。

　　　　　　925，11 月，後唐滅前蜀。

西 926 李嗣源（李克用養子）後唐明宗。

　　　　天成西 926－930，

　　　　　　926，4 月，伶人郭從謙作亂，莊敬宗被流箭射中死，明宗立。

　　　　　　927，7 月，契丹滅渤海，阿保機死，次子耶律德光即位，爲遼太宗。

　　　　長興西 930－933。

　　　　　　931 閩王延鈞稱帝。後唐明宗卒，閩王即帝位，爲後唐閔帝。12 月，後
　　　　　　唐開始鐵禁。

　　　　　　932，2 月，令國子監依校定九經，雕版印刷，進行出售，此爲官府首次
　　　　　　大規模刻書。

西 933 李從厚（明宗第 3 子）後唐閔帝。

　　　　應順西 934。

　　　　　　934，閏 1 月，孟知祥稱帝，國號蜀，史稱後蜀。

西 934 李從珂（明宗養子）後唐廢帝（末帝）。清泰西 934－936。

後晉，西 936 -- 946，計 11 年 2 帝。

西 936 石敬塘後晉高祖（後唐明宗李嗣源女婿）。

　　　　天福西 936－942。

　　　　　　936 石敬塘以燕雲十六州爲酬求援於契丹，滅後唐，建後晉。

　　　　　　937 徐知誥廢吳帝楊溥，自立大齊。

　　　　　　938 徐知誥改名李昪，改國號爲唐，史稱南唐。

西 942 石重貴（高祖侄）後晉出帝（少帝）。

　　　　天福西 942－944，

　　　　　　942，6 月，石敬瑭逝，侄石重貴即位，爲後晉出帝。

　　　　開運西 944－946。

　　　　　　945，8 月，南唐滅閩。

946，11 月，契丹大舉攻晉。12 月，攻下開封，俘晉出帝石重貴北遷，
後晉亡。

西 946 後晉出帝被契丹太宗耶律德光所俘，後晉亡。

西 947 契丹改國號遼，遼太宗撤出中原。947，1 月遼太宗耶律德光入汴京，2 月即帝位，改
國號為遼。

後漢，西 947 -- 951，計 4 年 3 帝。

西 947 劉知遠後漢高祖。天福西 947，947，2 月，河東節度使劉知遠於太原稱帝。

乾祐西 948。

948，1 月，後漢高祖逝，2 月，次子劉承祐繼位，為後漢隱帝。

西 948 劉承祐（高祖次子）後漢隱帝。

乾祐西 949－950。

950，11 月，隱帝亂殺大臣，郭威起兵攻入開封，劉承祐死於亂軍之
中。

西 951 劉崇在太原立國，國號仍為漢，為北漢。（劉知遠弟）

後周，西 951 -- 960，計 10 年 3 帝。

西 951 郭威後周太祖。

廣順西 951－953，

951，1 月，郭威稱帝，改國號周，史稱後周。

952，2 月，泰寧節度史慕容彥超反周，郭威派軍討平。

顯德西 954。

954，1 月。改元，不久郭威駕崩，養子柴榮繼位，為後周世宗。

西 954 柴榮（太祖內姪、養子）後周世宗。

顯德西 954－959。

954，3 月，柴榮親征，在高平之亂中大敗契丹和北漢軍。

955，5 月，後周攻取後蜀秦、成、階、鳳四州，開始統一中國。

958，3 月，南唐不敵後周，李璟獻江北，淮南十四州求和。

西 959 柴宗訓（世宗子）後周恭帝。

顯德西 959－960。

959，4 月，世宗北伐契丹，後因病重班師，6 月，駕崩，子柴宗訓即

位，爲後周恭帝，年 7 歲。

西 960 趙匡胤發動陳橋兵變，周恭帝被迫退位，後周亡。

960，1 月，禁軍點檢出征，至陳橋，軍隊擁趙匡胤爲帝，後周亡。

十國年代，西 902-979，計 77 年。

吳	西 902－937	楊行密據淮南 28 州，稱吳王。
前蜀	西 907－925	王建據東西川 48 州，稱蜀王。
吳越	西 907－978	錢鏐據兩浙 13 州，稱吳越王。
楚	西 907－951	馬殷據湖南 23 州，稱楚王。
閩	西 909－945	王審知據福建 5 州，稱閩王。
南漢	西 917－971	劉隱據廣南 47 州，稱南漢王。
後蜀	西 934－965	孟知祥據成都 48 州，稱後蜀王。
南唐	西 937－975	李昇據江南 35 州，稱南唐王。
北漢	西 951－979	劉崇據晉江 13 州，稱北漢王。
南平（荊南）亡	西 963	高季興據荊南 3 州，稱南平王。
		李茂貞據鳳翔 15 州，稱歧王。
		王延政據建州，稱殷王。
		劉守光據幽州，稱燕王。

北宋，西 960--西 1127，計 167 年 9 帝。

西 960 趙匡胤宋太祖。

　　建隆西 960－963，

　　　　961，6 月，南唐中主李璟崩，子李煜即位。遼章肅帝耶律李胡因子謀
　　　　反，動亂不已。

　　　　963，1 月，南平亡，至此，天下大勢已定。

　　乾德西 963－968，

　　　　965 蜀後主孟昶荒廢朝政，軍備廢弛，武力阻擋宋兵入侵，遂降，後蜀
　　　　亡。

　　開寶西 968－976，

　　　　971 南漢王劉鋹，揮霍無度，委政後宮及宦官，大臣判，宋軍入境，2
　　　　月，劉鋹投降，南漢亡。

　　　　975，11 月，宋兵入金陸，李煜降，南唐亡。

西 976 趙光義宋太宗。

　　太平興國西 976－984，（太祖弟）

　　　　976，10 月，趙匡胤暴死，弟趙光義即位，為宋太宗。

　　　　979，5 月宋兵入太原，劉繼元降，北漢亡。

　　　　983，6 月，遼改國號契丹，改元統和，「太平御覽」成書。

　　雍熙西 984－987，

　　端拱西 988－989，

　　淳化西 990－994，

　　　　990，12 月，契丹以定難軍節度李繼遷為夏國王。

　　　　993，2 月，四川王小波起義，12 月王小波戰死，李順為帥。

　　　　994，1 月，李順破成都，稱王，改元應順。

　　至道西 995－997。

　　　　997 宋太宗崩，真宗即位。為便於統治，取消道的建置，將天下分為十
　　　　五路。

西 997 趙恆（太宗第 7 子）宋真宗。

　　咸平西 998－1003，

　　　　999，9 月，蕭太后燕燕與遼聖宗親征，大舉進攻宋朝。

　　　　1001，9 月，李繼遷圍靈州。

　　　　1003 具有紙幣屬性的世界第一張交子正式誕生。

景德西 1004－1007，

　　1004，9 月，遼克澶州不下，攻宋勢頭滅弱，形成對峙，12 月，訂立「澶淵之盟」。

大中祥符西 1008－1016，

　　1011，2 月，宋眞宗祭祀汾陰后土。

　　1013，8 月，宋政治家王欽若等人修「君臣事蹟」成，賜名「冊府元龜」。

天禧西 1017－1021，

　　1018 立昇王受益爲太子，改名趙禎。10 月，遼攻高句麗失敗。

　　1020 眞宗病重，周懷政欲殺宰相，使太子卽位，奉帝爲太上皇，謀泄，周懷政被殺。

乾與西 1022。

西 1022 趙禎（眞宗第 6 子）宋仁宗。

　　天聖西 1023－1032

　　　　1023，11 月，宋在益州設交子務，最早官方紙幣從此出現。

　　　　1028，1 月黨項寇宋朝邊境。

　　　　1031，6 月，遼聖宗死，其子宗眞卽位，爲遼興宗。

　　明道西 1032－1033，

　　景祐西 1034－1038，

　　　　1034，5 月，契丹太后陰謀廢立，遼興宗遷太后，親政。

　　　　1038，10 月，李元昊稱帝，國號大夏，史稱「西夏」，定都興慶府，爲西夏景宗。

　　寶元西 1038－1040，

　　康定西 1040－1041，

　　　　1041，2 月，宋攻西夏，敗於好水川。

　　慶曆西 1041－1048，

　　　　1042 宋增加對遼歲幣，歲貢增銀，絹 10 萬兩匹。

　　　　1043 宋范仲淹實行變法，爲慶曆新政，失敗。

　　　　1044 宋與西夏議和，史稱「慶曆和義」。

　　　　1048 李元昊爲子寧令哥所殺。

　　皇祐西 1049－1054，

　　　　1049，6 月，契丹攻西夏，敗歸。9 月，廣西儂智高起兵，稱南天王，建元景瑞。

　　至和西 1054－1056，

嘉祐西 1056－1063。

　　1058 王安石上萬言書，謂財力日以窮困，主張變法。

西 1063 趙曙（真宗弟孫）宋英宗。

　　治平西 1064－1067。

　　1066，3 月，契丹復國號大遼。4 月，司馬光奉詔編君臣事蹟，賜名「資治通鑑」。

　　1067，1 月宋英宗崩，子趙頊即位。12 月夏毅宗死，子秉常即位。

西 1067 趙頊（英宗子）宋神宗。

　　熙寧西 1068－1077，

　　1069，2 月，宋以王安石為參政知事，開始變法。

　　1072，4 月，宋立禁軍校試法，令河北民立弓箭社。

　　1075，6 月，宋頒王安石三經新義。

　　元豐西 1078－1085。

　　1079 因變法而引起烏台詩案爆發，至蘇軾等人遭貶。

　　1082，2 月宋軍頒布三省、樞密、六曹條例。9 月，西夏軍攻陷宋永樂城，宋軍大敗。

　　1085，3 月，神宗崩，子趙煦即位。太皇太后執政，用司馬光盡廢新法。

西 1085 趙煦（神宗子）宋哲宗。

　　元祐西 1086－1094，

　　1092 宋呂大臨「考古圖」成書，為最早較有系統之古器物圖錄。

　　1094，4 月，宋哲宗親政，起用變法派。

　　紹聖西 1094－1098，

　　1095，12 月，宋責降元祐諸臣。

　　1096 高泰明將政權交還段式，立正淳為帝，大理國號為後。宋出「紹聖元寶」及「紹聖通寶」銅錢。

　　1097 蔡京等人推動禁錮元祐黨人。

　　元符西 1098－1100。

　　1099，2 月，西夏向宋諸罪被拒，宋攻夏。

西 1100 趙佶（哲宗弟）宋徽宗。建中靖國西 1101。

　　崇寧西 1102－1106，

　　1102 宋徽宗任蔡京為相。9 月，立元祐奸黨碑。

　　1104，4 月，宋軍克鄯州、廓州。6 月重定元祐，元符黨人，共 309 人。

1105 設應奉局於蘇州，辦理花石綱事。

大觀西 1107－1110，

政和西 1111－1118，

1114，9 月，女眞完顏阿骨打起兵反遼。

1115，1 月，完顏阿骨打稱帝，國號大金，爲金太祖。

1116，1 月，遼將高永昌叛。5 月金滅高永昌。

1117，4 月，宗徽宗自號教主道君皇帝。

重和西 1118－1119，

1118，2 月，宋遣使至金，與金約定「海上之盟」，聯手攻遼。

宣和西 1119－1125。

1120，5 月，金取遼上京，遼天祚帝逃至西京。

1121，4 月，方繼兵敗被殺，12 月，金大舉攻遼。

1122，1 月金軍連取遼中京、西京，遼天祚帝逃入夾山。4 月，耶律大石敗宋於白溝河，12 月，金克遼燕京。

1123，2 月，宋以黨幣向金贖回燕京等地，8 月，金太祖病死，弟吳乞買即位，爲金太宗。

西 1125 趙桓（徽宗子）宗欽宗。

靖康西 1126－1127。

1126，閏 11 月，金軍攻破開封外城，逼宋議和。

1127，3 月金俘徽、欽二帝北還，宋康王趙構於建康即位，爲宋高宗。

西 1127 金兵擄徽、欽二帝北上，史稱靖康之難，北宋亡。

南宋，西 1127 -- 1279，計 152 年 9 帝。

西 1127 趙構（欽宗弟，徽宗第 9 皇子）在河南即位，爲南宗高宗。

建炎西 1127－1130，

1129，2 月，軍破揚州，宋高宗南逃杭州，11 月，金軍渡江，12 月破杭州臨江，宋廷流亡海上。

1930，4 月，金軍退回長江以北，立宋臣劉豫爲大齊皇帝。

紹興西 1131－1162。

1131，10 月，吳玠於和尙原大敗金軍。

1134，3 月，吳玠於仙人關大敗金軍。5 月，岳飛收後襄漢六郡。12 月，收復盧州。

　　　　1135，6月，岳飛攻破洞庭湖水寨。

　　　　1136，8月，岳飛攻下蔡州。

　　　　1138，1月，金頒行女眞小字。3月秦檜再相。

　　　　1139，3月，宋金交割地界。

　　　　1941，11月，宋金「紹興和議」。岳飛「莫須有」冤風波亭。

　　　　1953，3月，金遷都燕京。

　　　　1161，9月，金大舉攻宋，11月，採石之戰，金軍爲虞允文所敗。

　　　　1163，4月，宋北伐攻金於符離，爲金軍所敗。

西 1162 趙眘（愼）（太祖七世孫）南宋孝宗。隆興西 1163－1164，

　　　乾道西 1165－1173，

　　　　1165，1月，宋金和議成，宋稱侄皇帝，割地納歲幣。

　　　　1169，1月，宋在兩淮實行屯田，和金形成對峙。

　　　淳熙西 1174－1189。

　　　　1175 呂祖謙的陸九淵、朱熹會於鵝湖寺。

　　　　1178 陳亮上書請北伐。9月，賜岳飛諡號武穆。

　　　　1179，2月，呂祖謙編成「宋文鑑」。

　　　　1180，1月，南宋收京西民間銅錢，行使鐵錢和會子。

　　　　1189，金世宗卒，太孫完顏璟即位，爲金章宗。宋孝宗禪位，太子趙惇
　　　　即位，爲宋光宗。

西 1189 趙惇（孝宗子）宋光宗。

　　　紹熙西 1190－1194。

　　　　1190 西夏骨勒茂才撰「番漢合時掌中珠」成。

　　　　1191，4月，金以百姓和屯田戶不睦，相許互爲婚姻。

　　　　1192 金修繕曲阜孔廟，令避周公，孔子諱。

西 1194 趙擴發重政變奪取皇位，爲宋甯宗。

　　　慶元西 1195－1200，

　　　　1195，2月，宋相趙汝愚被貶，韓侂冑掌權。

　　　　1200，3月，大哲學家朱熹去世。

　　　嘉泰西 1201－1204，

　　　　1201，9月，金更定贍學養士法，元鐵木眞擊潰札木合聯軍。

　　　　1203，4月，宋以兩淮交子收鐵錢。

　　　開禧西 1205－1207，

　　　　1206，5月，宰相韓侂冑計畫北伐，失敗。10月金大舉攻宋。

1207，1 月宋四川宣撫副使吳曦降金，被封蜀王。10 月，史彌遠殺宰相韓侂冑，以其首級向金求和。

嘉定西 1208－1224。

　　1208，3 月，宋金和議，簽訂「嘉定和議」。

　　1210 愛國詩人陸游去世，終前做「示兒」。

　　1211，8 月，蒙古攻金，在野狐嶺大破金軍。

　　1214 金宣宗被迫遷都南京。

　　1220 蒙古軍攻取花刺子模各地。

　　1222 丘處機覲見成吉思汗，被封爲國師，總領道教。

西 1224 趙昀（太祖後人，十四世孫）被立，爲宋理宗。

寶慶西 1225－1227，

　　1227 蒙古滅西夏，成吉思汗病死，四子拖雷奉命監國。

紹定西 1228－1233，

　　1229，8 月，窩闊台卽大位，頒布「大札撒」，定中原、西域稅法。

　　1232，1 月，金蒙三峰山之戰，金軍被全殲，蒙國圍汴京，12 月，金哀宗逃離汴京。

　　1233，1 月，金哀宗逃至歸德，6 月，逃至蔡州。宋與蒙古合約攻金，進圍蔡州。

端平西 1234－1236，

　　1234，1 月，宋蒙兩軍破蔡州，金哀宗傳位末帝完顏麟後自謚身亡，末帝被殺，金亡。

　　1236 長江中游重鎮襄陽投降於蒙古，兩年後才被孟珙收復。

嘉熙西 1237－1240，

淳祐西 1241－1252，

　　1241，11 月窩闊台死，乃馬眞后稱制。

　　1246 蒙古忽里勒台大會推舉窩闊台長子貴由爲大汗。

　　1249 蒙古貴由元定宗率軍攻大理，段興智被擒，大理滅。

寶祐西 1253－1258，

　　1258，2 月，蒙哥汗分路大舉攻宋，自率軍入四川。

開慶西 1259，

　　1259，2 月，蒙哥圍釣魚城。7 月蒙哥死。

景定西 1260－1264。

　　1260，3 月，忽必烈卽大位於開平，年號中統。這是蒙古有年號之始。

1263 宋丞相賈似道推行公田法，購田 350 萬畝入私囊。

1264，7月，阿里不哥降。8月，忽必烈改燕京爲中都，改元至元。

西 1264 趙禥（理宗姪）宋度宗。

咸淳西 1265－1274。

1267，2月，賈似道益專圍政。12月，宋以呂文煥守襄陽。

1271，11月，蒙古改國號爲「大元」。

1273，1月，元軍攻陷樊城。2月，元軍以巨型投石機攻襄陽，呂文煥以城降。

西 1274 趙顯（度宗子）宋恭帝。

德祐西 1275－1276。

1276，2月，元軍入臨安，南宋恭帝與謝太后上表降元。5月，益王趙昰即位，爲宋端宗。

西 1276 趙昰（恭帝兄）宋端宗。

景炎西 1276－1278。

1278，4 月，宋端宗病死。張世傑、陸秀夫等擁衛王趙昺即位，史稱幼帝。12月，文天祥兵敗被俘。

西 1278 趙昺（端宗弟）宋幼帝（年 8 歲）。

祥興西 1278－1279。

1279，2月，宋元兩軍在崖山決戰，宋軍戰敗，宰相陸秀夫背8歲幼帝投海殉國。十餘萬軍民寧死不降，紛紛跳海，宋亡。

西 1279 元軍入侵，宰相陸秀夫背帝昺投海殉國，南宋亡。

契丹（遼）國，西 916--西 1125，計 209 年 9 帝。

西 916 契丹太祖耶律阿保機建立神冊年號。

神冊西 916－922，

天贊西 922－926，

天顯西 926－927。

西 927 契丹太宗耶律德光（太祖次子）。天顯西 927－938，

會同西 938－947，改國號遼。

大同西 947。

西 947 遼世宗耶律阮（兀欲）（太宗侄）。天祿西 947－951。

西 951 遼穆宗耶律璟（太宗長子）。應曆西 951－969。

西 969 遼景宗耶律賢。保寧西 969－979，

乾亨西 979－982。（穆宗次子）

西 982 遼聖宗耶律隆緒（景宗子），再改國號契丹。乾亨西 982－983，

統和西 983－1012，

開泰西 1012－1021，

太平西 1021－1031。

西 1031 契丹興宗耶律宗眞（聖宗子）。景福西 1031－1032，

重熙西 1032－1055。

西 1055 契丹道宗耶律洪基（興宗子）。清寧西 1055－1064，

咸雍西 1065－1074。於 1066 又改國號爲遼。

大康西 1075－1084，

大安西 1085－1094，

壽昌西 1095－1101。

西 1101 遼天祚帝耶律延禧。乾統西 1101－1110，

天慶西 1111－1120，

保大西 1121－1125。

西 1125 天祚帝遭金人所俘，遼亡。

西遼，西 1125 -- 西 1218，計 93 年 5 帝。

遼亡後，遼大臣耶律大石，率軍西遷中亞細亞，史稱西遼。

西 1125 西遼德宗耶律大石稱帝於中亞的起爾曼。

西 1143 德宗卒，感天后稱制。

西 1163 仁宗卒，承天后聽政。

西 1178 承天皇后被殺，仁宗子直魯古繼位。

西 1213 遼人耶律留哥自立爲遼王。

西 1218 蒙古將領哲別率軍滅西遼。

西夏朝，西 1038 -- 西 1227，計 189 年 11 帝。

西元 982 年李繼遷率族人叛北宋趙光義太宗自立。到 1227 年蒙古所滅，西夏存在 245 年。

西 1038 夏王李元昊自稱大夏帝，爲西夏景帝。

西 1048 毅宗（元昊子）立，受封夏國王。

西 1067 惠宗（毅宗子）立。

西 1086 崇宗（惠宗子）立。

西 1088 遼冊封李乾順爲夏國王。

西 1139 仁宗（崇宗卒）立。

西 1193 桓宗立。

西 1206 李安全弑桓宗，自立爲襄宗。

西 1209 西夏降於蒙古。

西 1211 襄宗卒，侄兒神宗立。

西 1223 神宗傳位於李德旺獻宗。

西 1226 獻宗卒，弟李晛立，爲末帝。

西 1227 蒙古滅西夏。

金朝，西 1115－西 1234，計 119 年 10 帝。

西 1115 金太祖完顏阿骨打。收國西 1115－1116，

　　　　　天輔西 1117－1122。

西 1123 金太宗完顏晟（吳乞買）（太祖弟）。天會西 1123－1134。

西 1135 金熙宗完顏亶（太宗侄）。天會西 1135－1137，

　　　　　天眷西 1138－1140，

　　　　　皇統西 1141－1149。

西 1149 海陵帝完顏亮（太祖孫）。天德西 1149－1153，

　　　　　貞元西 1153－1156，

　　　　　正隆西 1156－1161。

西 1161 金世宗完顏襃（雍）自立爲帝。大定西 1161－1189。

西 1190 金章宗完顏璟（世宗太孫）。明昌西 1190－1196，

　　　　　承安西 1196－1200。

　　　　　泰和西 1201－1208。

西 1209 金衛紹王宗顏永淸。大安西 1209－1211，

　　　　　崇慶西 1212－1213，

　　　　　至寧西 1213。

西 1213 金宣宗完顏珣（世宗孫）。貞祐西 1213－1217，

　　　　　興定西 1217－1222，

　　　　　元光西 1222－1223。

西 1224 金哀宗完顏守緒（宣統子）。正大西 1224－1232，

　　　　　開興西 1232，

　　　　　天興西 1232－1233。

西 1234 哀宗傳位完顏承麟爲金末帝後自殺，末帝承麟亦死於亂軍之中，金亡。

大蒙古國，西 1206‑‑1271，計 65 年 5 帝。

西 1206 鐵木眞太祖統一蒙古，被大會尊爲成吉思汗，

      西 1206－1227。

      1206 頒布「成吉思汗法典」，1219 成吉思汗西征花剌子模，是蒙古第一次西征。1222 鐵木眞平定西域，滅諸國，軍隊直抵印度。1223 蒙古將領速不台大破俄羅斯聯軍。後奉詔回軍，結束第一次西征。1226 蒙古對西夏發動大規模戰爭。

西 1229 窩闊台太宗（太祖第 3 子），

      西 1229－1241。

      1229，8 月窩闊台卽大汗位，爲太宗，並頒布「大扎撒」，定中原、西域稅法。1232 蒙古與宋達成聯合滅金的協定。1233 金京宗逃至蔡州，宋蒙會師合圍蔡州。1234 窩闊台命拔都，貴由，蒙哥諸支宗王開始第二次西征。1237 蒙古滅欽察諸部，攻陷莫斯科城。1238 蒙古攻占波蘭、匈牙利，軍隊直抵多瑙河地區。1242 蒙古軍抵達亞得里亞海東岸，全歐震驚，但因窩闊台病逝，第二次西征被迫終止。

西 1242 乃馬眞後，

      西 1242－1246。

      1245 蒙古軍逼近維也納，歐洲人惶恐。拔都得知大汗窩闊台死訊後，率軍回伏爾加河下游營地，以薩萊城爲首都，建立欽察汗國。

西 1246 定宋貴由定宗（窩闊台長子）。

      西 1246－1249。

      1246 蒙古忽里勒台大會推舉窩闊台長子貴由爲大汗，是爲定帝。

西 1251 拖雷蒙哥憲宗。

      西 1251－1260。

      1251 蒙古忽里勒台大會推舉拖雷長子蒙哥爲大汗，是爲憲宗。1253 旭烈兀出兵西征，爲蒙古帝國第三次西征。蒙古滅大里，攻占吐蕃。1257 蒙古軍從雲南占安南（今越南），滅安南國。1259 蒙哥汗在釣魚城圍攻戰中戰死。1260，3 月，忽必烈於開平卽大汗位，年號中統，忽必烈弟阿里不哥於哈拉和林稱汗，隨卽與忽必烈交戰，蒙古內戰開始。

西 1260 忽必烈稱大汗於開平，爲世祖。

      中統西 1260－1264，至元 1264－1294（1271 改蒙古爲元）

      1264 忽必烈改燕京爲中都，改中統爲至元。1268 窩闊台之孫海都起兵與忽

必烈爭奪汗位。1270 元政府在大都設「廣惠司」爲諸宿衛士治病。4 月，設蒙古字學教授。12 月，遣趙良弼出使日本。

元朝，西 1271--1368，計 97 年 11 帝。

忽必烈元世祖。

至元西 1271－1294。

1271 國號蒙古改爲「元」。洋人馬可波羅來華。

1272 改中都爲大都。

1273 元軍攻陷襄陽城。

1276，2 月，元軍入臨安，南宋恭帝與謝太后上表降元。5 月，益王趙昰即位，爲南宋端宗。

1278，4 月，南宋端宗病逝，衛王趙昺即位，遷駐崖山。12 月。文天祥兵敗被俘。

1279，2 月，宋、元兩軍在崖山決戰，宋軍敗，宰相陸秀夫背負 8 歲幼帝趙昺投海殉國，十餘萬軍民寧死不降，紛紛跳海，南宋亡。

1280 元將領張弘範在南征過程中病逝。12 月，開始頒行郭守敬等人制定的「授時曆」。

1281，8 月，范文虎率水師攻日本，遭遇颱風，幾乎全軍覆沒。

1286，5 月，元軍復侵安南，水土不服，退還。6 月，在全國頒行「農桑輯要」。

1287，3 月發行至元通行寶鈔。

西 1295 鐵木耳（世祖孫）元成宗，元貞西 1295－1297。

大德西 1297－1307

1300，8 月，海都侵擾嶺北，復敗，死於退軍途中。

1303，3 月，「大元大一統志」編成。

1304 各大汗承認元成宗爲蒙古大汗。

1307，1 月，元成宗駕崩，迎海山即位，爲元武宗。

西 1307 海山（成宗侄）元武宗。

至大西 1308－1311。

1311，1 月，武宗駕崩。3 月，弟愛育黎拔力八達即位，爲元仁宗。

西 1311 愛育黎拔力八達（武宗弟）元仁宗。

皇慶西 1312－1313。

1313，10 月，仁宗行科舉。

延祐西 1314－1320。

1314，11 月檢覆（查核）浙江、江東、江南田糧。

1315，4 月，括田擾民過甚，贛州蔡五九聚衆起義，9 月，敗死。

1320，1 月，仁宗死，3 月，太子碩德八剌即位，爲元英宗。

西 1321 碩德八剌（仁宗子）元英宗。

至治西 1321－1323。

1323，2 月，「大元通制」成書頒行天下。8 月，御史大夫鐵失於南坡之
變殺死英宗。9 月，晉王也孫鐵木兒即位，爲元泰定帝。

西 1323 也孫鐵木兒元泰定帝。

泰定西 1323－1328。

1326 泉州民阮鳳子起義，攻占城邑。

1328，7 月，泰定帝死，子阿速吉八，在上都即位，改元天順。燕帖木
兒擁武宗次子圖帖睦爾在大都即位爲元文宗，改元天曆。10 月，上都政
權失敗，元順帝失蹤。

致和西 1328。

西 1328 阿速吉八（泰定帝子）元天順帝，天順西 1328。

西 1328 圖帖睦爾（武宗次子）元文宗。

天曆西 1328－1330。

1329，1 月武宗長子和世瓎在哈拉和林即位，爲元明宗。8 月，明宗被毒殺，文
宗復位。

至順西 1330－1332。

1331，5 月，「經世大典」修成。

西 1332 懿璘質班（明宗子）元寧宗。

至順西 1332－1333。

1332，8 月，元文宗駕崩，明宗子 7 歲懿璘質班即位，爲元寧宗，11
月，元寧宗死。

西 1333 妥懽帖睦爾（寧宗兄）元惠帝（順帝）。

元統西 1333－1335。

1333，6 月，元明宗長子妥懽帖睦爾被擁立即位，爲元順帝。

至元西 1335－1340。

至正西 1341－1368。

1342，5 月，黃河決口，山東，河南皆受災，次年，黃河再次決口。

1351，4 月，修治黃河發兵民 17 萬人。11 月，黃河堤成。5 月，穎州韓山童、劉福通起義。8 月，蘄州徐壽輝起義。

1352，2 月，濠州郭子興、孫德崖等人起義。閏 3 月，朱元璋投奔郭子興義軍。

1353，1 月，張士誠起義。

1355，2 月，劉福通迎韓山童之子韓林兒為帝，建國號宋。

1357 宋紅巾軍分三路北伐，攻入陝西、山西、山東等地。

1359 北方元軍反攻，三路北伐紅巾軍相繼失敗。

1366 陶宗儀所著「南村輟耕錄」30 卷付梓刊行。

1363 朱元璋與陳友諒大戰於鄱陽湖，陳友諒敗死，朱元璋奠定統一局面。

1364，1 月，朱元璋稱吳王。

1366，8 月，朱元璋攻張士誠。12 月，韓林兒沉於瓜步江，宋亡。

1367，9 月，張士誠被擒，自殺。11 月，浙東方國珍向朱元璋請降。

1368 朱元璋派大將徐達北伐，攻克大都，元順帝北逃，北伐成功，元亡。

西 1368 朱元璋南京稱帝，國號「明」，為明太祖，元順帝北逃，元亡。

明朝，西 1368－西 1644，計 276 年 16 帝。

西 1368 朱元璋明太祖。

　　洪武西 1368－1398。

　　　　1363 朱元璋與陳友諒大戰於鄱陽湖，陳友諒敗死，朱元璋統一天下。

　　　　1368 明朝建立後，朱元璋派大將徐達北伐，攻克大都，元順帝北逃，北伐成功。

　　　　1370，4 月，徐達大破元將擴廓帖木兒，元順帝病逝。太祖分封諸王。

　　　　1371 明廷定開中法。

　　　　1374，1 月，定屯田法。頒「大明律」。

　　　　1375，3 月，立鈔法，造大明寶鈔。

　　　　1377，7 月，置通政使司。

　　　　1378 改南京為京師。6 月，命太監視軍，是明朝太監參與軍事之始。

　　　　1380，1 月胡惟庸案發被殺，株連甚廣。

　　　　1381，4 月，徐達大敗北元，俘獲甚眾。定賦役籍，編里甲，造黃冊。

　　　　1382，4 月，置錦衣衛。10 月，置都察院。

　　　　1385，3 月，郭恆案發，株連者數萬人。10 月，頒「大誥」。

　　　　1388，4 月，明軍俘北元皇子和妃嬪等數萬人，北元主遠遁漠北。

　　　　1393，2 月，藍玉案發，涼國公藍玉因謀反被殺，牽連被殺者一萬五千多人。

　　　　1395，9 月，頒布「皇明祖訓」。

　　　　1397，6 月，南北榜案發，複試親取士人，所選皆北人。

　　　　1398，閏 5 月，朱元璋駕崩，皇太孫朱允炆即位，改元建文。

西 1398 朱允炆（太祖皇太孫）明惠帝。

　　建文西 1399－1402。

　　　　1399，7 月，燕王朱棣於北平起兵，以誅殺齊泰，黃子澄為名，號曰靖難。

　　　　1402，6 月，燕王渡江，攻入南京，建文帝不知所蹤。燕王朱棣即帝位。改元永樂，為明成祖。

西 1403 朱棣（元璋第 4 子）攻入南京，為明成組，惠帝失蹤。

　　永樂西 1403－1424〉

　　　　1403 改北平為北京，遣宦官出使各國。11 月，正式設置建州衛軍民指揮司，任命阿哈出為指揮使，賜漢姓名李誠善。

1405，6 月，永樂帝命宦官鄭和出使南洋各地。

1407，11 月，「永樂大典」成書。

1410，2 月，永樂帝親征韃靼，先後擊敗可汗本雅失里和阿魯台。

1411，2 月，治理會通河，以通漕運。

1413 鄭和奉命第四次出使西洋。

1414，3 月，永樂帝親率 50 萬大軍征瓦剌，大破之。

1415，7 月，鄭和歸來，結束第四次遠航。

1416，1 月，山東劉子進起義，立即敗死。

1418，5 月，「太祖實錄」重修完成。「太祖寶川」亦成。

1419，6 月，遼東總兵於金州大破倭寇。7 月，鄭和第五次下西洋結束。

1420，2 月，山東蒲台唐賽兒起義，稱佛母。

1421，1 月，遷都北京，以南京為留都。

1422，8 月，鄭和歸，第六次下西洋結束。

1424，4 月，永樂帝第五次率軍親征韃靼。7 月還師途中至榆木川時駕崩，太子朱高熾即位。

西 1424 朱高熾（成祖子）明仁宗。

洪熙西 1425。

1425，5 月，洪熙帝駕崩，太子朱瞻基即位，改元宣德。

西 1425 朱瞻基（仁宗子）明宣宗。

宗德西 1426－1435。

1427 科舉分南、北、中卷取士。7 月，定軍民輸米贖罪法。

1430 各省設巡撫。鄭和第七次出使西洋。

1432，4 月，推行開中法至邊鎮。

1433 鄭和下西洋歸來。鄭和七次下西洋共 28 年，途經三十多國。

1435，1 月，宣德帝駕崩，太子朱祁鎮即位，改元正統。9 月，宦官王振掌司禮監，為現代宦官亂政之始。

西 1435 朱祁鎮（宣宗子）明英宗。

正統西 1436－1449。

1436，8 月，推廣「折色」之法，為金花銀。

1441，1 月，發軍出征麓川，宣慰使思任登敗逃。

1442，4 月，山東、河南等地蝗災。

1445 處州人葉宗留聚眾至福建開礦，被禁，殺官反抗。

1449，7 月，明英宗率軍親征瓦剌，8 月，明軍在土木堡被瓦剌擊敗，英

宗被俘。大臣與太后立郕王朱祁鈺爲帝，次年改元景泰。

西 1450 朱郝鈺明代宗（景帝）。

　　　景泰西 1450－1457。

　　　　1450，閏 2 月，瓦剌侵擾大同，宣府等地，被明軍擊退，乃與明議和。

　　　　1457，1 月，石亨、徐有貞、曹吉祥等人趁景泰帝病危，計畫迎太上皇朱祁鎮復位，史稱「奪門之變」，改元天順。

西 1457 代宗（景帝）病，英宗（朱郝鎮）復辟。

　　　天順西 1457－1464。

　　　　1458 詔修「大明一統志」。

　　　　1460，8 月，韃靼入寇，抵雁門。

　　　　1464，1 月，英宗駕崩，太子朱見深卽位，改元成化。成化帝以內旨直接授官，時稱供奉官。

西 1464 朱見深（英宗子）明憲宗。

　　　成化西 1465－1487。

　　　　1464 成化帝以內旨直接授官，時稱供奉官。

　　　　1487，8 月，成化帝駕崩，太子朱祐樘卽位，改元弘治。10 月，弘治帝罷傳奉官二千多人。

西 1487 朱祐樘（憲宗第 3 子）明孝宗。

　　　弘治西 1488－1505。

　　　　1488，6 月，韃靼小王子達延汗遣使至京，與明通使，小王子統一模北，蒙古復強。

　　　　1492 改開中鹽法。

　　　　1495 劉大夏治河成功，黃河由淮河入海。

　　　　1505，5 月，弘治帝駕崩，太子朱厚照卽位，改元正德。

西 1505 朱厚照（孝宗子）明武宗。

　　　正德西 1506－1521。

　　　　1506，10 月，劉瑾掌司禮監，權在東、西廠之上。

　　　　1510，8 月，張永舉報劉瑾有大逆之事，劉瑾被誅。10 月，劉六，劉七起義爆發。

　　　　1517，9 月，正德帝私自出巡，出居庸關至宣府。

　　　　1518，1 月，佛郎機（葡人）使者來華，正德帝仍四處微行，自封鎮國公。

　　　　1519，6 月，寧王朱宸濠反於南昌，爲王陽明所敗。

　　　　1521，3 月，正德帝駕崩。4 月，堂弟朱厚熜繼承皇位。

西 1521 朱厚熜（武帝堂弟）明世宗。

　　　嘉靖西 1522－1566。

　　　　　1540 嘉靖帝好求神仙，8 月欲令太子監國，閉關修道，遭群臣反對。

　　　　　1542 爆發宮婢之變。

　　　　　1547，5 月，三邊總督曾銑在河套攻擊韃靼，小勝。12 月，倭寇犯寧波，台州。

　　　　　1549，7 月，汪眞，陳東與倭寇聯手，搶涼浙東，倭患大起。

　　　　　1552，4 月，韃靼犯遼東；倭寇侵浙江。

　　　　　1554，5 月，倭寇侵掠蘇州、昆山、嘉興等地。

　　　　　1559，3 月，倭寇侵犯象山、崇明。7 月，又犯福州、溫州。8 月，俺答汗侵擾土木、宣府。

　　　　　1562，5 月，嚴嵩罷官，嚴世蕃下獄。11 月，戚繼光、俞大猷爲將，入福建剿倭。

　　　　　1563，4 月，戚繼光，俞大猷大破倭寇，收復興化。

　　　　　1566，2 月，海瑞上「直言天下第一事疏」，抬棺死諫，被捕下獄。12 月，嘉靖帝駕崩，皇三子裕王朱載垕即位，改元隆慶。隆慶帝稱奉先帝遺詔，赦免以海瑞（1514-1587 年 73）爲代表的所有諫言諸臣。

西 1566 朱載垕（世宗子）明穆宗。

　　　隆慶西 1567－1572。

　　　　　1571，3 月，封俺答汗爲順義王。俺答汗貢馬，許以河套互市。

　　　　　1572，5 月，隆慶帝駕崩，太子朱翊鈞即位，改元萬曆。

西 1572 朱翊鈞（穆宗子）明神宗。

　　　萬曆西 1573－1620。

　　　　　1573，11 月，官員考成法實行。

　　　　　1574，10 月，建州女眞王杲進犯遼東，李成梁大破之。

　　　　　1578，12 月，下詔清理丈量天下田畝。

　　　　　1580，11 月，天下田畝勘明查實，共計 7,013,976 頃。

　　　　　1581 全國推行一條鞭法。

　　　　　1582，6 月，張居正死。

　　　　　1584，4 月，查抄張居正家。

　　　　　1592，5 月，豐臣秀吉侵略朝鮮，朝鮮向明求援。7 月，蒙古人哱拜起兵叛亂，寧夏之役爆發。

　　　　　1593，1 月，明軍收復平壤，開城，日軍退守釜山。5 月，雙方議和。

1594，8 月，吏部尚書發明掣簽法。10 月，播州宣慰使楊應龍判亂，明廷發兵討伐。

1597，6 月，豐臣秀吉再度侵略朝鮮，明軍二次援朝。12 月，雙方大戰於蔚山。

1598，8 月，豐臣秀吉死。11 月，日軍自朝鮮撤退。

1600，6 月，明軍平定播州之亂。

1601，1 月，耶穌會教士利瑪竇到京，萬曆允許在京師建教堂傳教。

1602，萬曆帝倦政。1616 努爾哈赤在赫圖阿拉稱汗，國號「金」。

1619，3 月，明朝徵集 14 萬軍隊討伐努爾哈赤薩爾滸之戰爆發，努爾哈赤大敗明軍。

1620，7 月，萬曆帝駕崩，泰昌帝即位，泰昌帝登基僅一個月，因「紅丸案」死亡，天啟帝即位。

西 1620 朱常洛（神宗子）明光宗。僅一個月，因紅丸案死亡。泰昌西 1620。

朱由校明熹宗，

天啟西 1621－1627。

1622 荷蘭殖民者入侵台灣。7 月，白蓮教在山東起義。

1625 魏忠賢興大獄，捕殺忠良。

1626 努爾哈赤發起寧遠之亂，明朝守將袁崇煥，以葡萄牙制紅夷大砲擊敗之。8 月，努爾哈赤駕崩。9 月，皇太極即位。

1627，5 月，寧錦大捷。8 月，天啟帝駕崩，皇弟朱由檢即位，改元崇禎。

西 1627 朱由檢（光宗第 5 子，熹宗弟）明思宗（崇禎帝），

崇禎西 1628－1644。

1627，11 月，魏忠賢自縊死。

1628 農民大起義開始。

1630 李自成、張獻忠參加農民起義。

1636 皇太極即帝位，改國號「清」。7 月，高迎祥被俘犧牲。李自成成為闖王。

1641 李自成攻破洛陽，殺明福王朱常洵。

1643，8 月，皇太極死，子福臨即位。李自成大敗孫傳庭，破潼關。

1644，1 月，李自成攻陷西安，稱王，國號「大順」，3 月，李自成攻占北京，崇禎帝自縊身亡，4 月，李自成與吳三桂大戰於一片石，清軍入關，明亡。福王朱由崧南京稱帝。

清朝，西 1636 -- 西 1912，計 276 年 12 帝。

西 1616 努爾哈赤即汗位，建國號金，爲金太祖。

> 天命西 1616－1626。

>> 1616 努爾哈赤在赫圖阿拉稱汗，國號「金」。

>> 1919，3 月，薩爾滸之戰，大敗明軍。

>> 1626，1 月，進攻寧遠失敗，努爾哈赤身受重傷，8 月，駕崩，9 月，皇太極即位。

西 1626 皇太極即汗位。

西 1627 皇太極稱帝，改國號「清」，爲清太宗。

> 天聰西 1627－1636。

>> 1628 後金大破蒙古林丹汗於錫爾哈一帶。

>> 1632 收降蒙古土默特部。

>> 1635 林丹汗之子歸降，獻傳國玉璽。

>> 1636，5 月，皇太極即位，改國號清，改元崇德，清軍征服朝鮮。

> 崇德西 1636－1643。

>> 1638 多爾袞率軍入關。

>> 1642，7 月，松錦之戰，明軍戰敗。

>> 1643 皇太極病逝，子福臨即位，爲順治帝。

西 1644 福臨（皇太極第 9 子）清世祖（順治帝）。

> 順治西 1644－1661。

>> 1644，1 月，李自成攻陷西安，稱王，國號「土順」。3 月，李自成攻占北京，崇禎帝自縊，明亡。

>> 1645，4 月，清在揚州屠城，明督師史可法遇害。

>>> 南明福王朱由崧被殺，唐王朱韋鍵在福州稱南明帝，號隆武。

>> 1646，8 月，鄭芝龍降清，子鄭成功海上起兵抗清。

>>> 9 月南明桂王朱由榔在肇慶監國即帝位，年號永曆。

>> 1647 制定「大清律」。1650，12 月，多爾袞卒，順治帝福臨親政。

>>> 南明桂王朱由榔在肇慶稱帝，年號永曆。

>> 1653，5 月，順治冊封達賴五世，確定西藏佛教地位。

>> 1657，10 月，順天，江南發生科場舞弊大案。

>> 1661，1 月，順治帝駕崩，玄燁即位，改元康熙。3 月，鄭成功收復台灣。12 月，南明政權覆滅。永曆 15 年，朱由榔被吳三桂所殺。

西 1662 玄燁（順治第 3 子）清聖祖（康熙帝）。

康熙西 1662－1722。

1663 明史案發。1669，5 月，康熙計除鰲拜。8 月，禁傳天主教。

1673，3 月，康熙下令撤藩。12 月，吳三桂發動判亂，耿精忠、尚之信舉兵響應。

1678，3 月，吳三桂在衡州稱帝，國號周，8 月，即憂憤而死。其孫吳世璠繼位。

1681，11 月，清軍攻破昆明，吳世璠自殺，三藩之亂平。鄭成功之子鄭經病亡，幼子鄭克塽即位。

1683，6 月，康熙命施琅起兵攻台，8 月，鄭克塽降清。

1684 清政府在台灣島正式設立台灣府。10 月開放海禁。

1685，5 月，雅克薩之戰爆發。

1689，7 月，「中俄尼布楚條約」簽訂。

1690 康熙親征準噶爾。

1696，5 月，清軍於昭莫多再次大敗噶爾丹，史稱「昭莫多之戰」。

1697 噶爾丹兵敗自殺。

1703 康熙第四次南巡。

1712，2 月，定「滋生人丁永不加賦」。

1713，1 月，冊封班禪胡土克圖為「班禪額爾德尼」。

1718，9 月，命十四阿哥胤禎為大將軍，進西藏平叛。

1722，11 月，康熙帝駕崩，胤禎即位，改元雍正。

西 1723 胤禎（康熙第 4 子）清世宗（雍正帝）。

雍正西 1723－1735。

1723 雍正帝建立秘密建儲制。施行「攤丁入畝」、「耗羨歸公」和「養廉銀」等措施。

1724，2 月，將領岳鍾琪率軍深入紫達木盆地，大敗羅卜藏丹津。

1725「古今圖書集成」定稿。4 月，大將軍年羹堯被逼自殺。

1727，8 月，中俄雙方先後簽訂「布達斯奇界約」、「恰克圖界約」等。

1729，5 月，呂留良案發，刊發「大義覺迷錄」。

1735，8 月，雍正帝駕崩，弘曆繼位，改元乾隆。

西 1736 弘曆（雍正第 4 子）清高宗（乾隆帝）。

乾隆西 1736－1795。

1736 乾隆帝下詔禁毀「大義覺迷錄」。

1746，3 月，禁關內百姓出山海關。

1754，7 月，準噶爾部發生內亂。

1757，5 月，清將領兆惠出兵攻打準噶爾部，攻占伊犁。

1758，1 月，南疆大小和卓之亂起，兆惠率軍平復叛亂。

1765 邊境土司衝突引發緬甸軍進攻。

1771，6 月，金川戰亂再起。

1773，2 月，編修「四庫全書」。

1776，2 月，第二次大小金川之役結束。1776 年美國建國。

1781，3 月，甘肅蘇四十三起義。

1782，1 月，「四庫全書」修成藏文華殿之文淵閣。

1787，8 月，福康安、海蘭察率軍入台鎮壓林爽文起義。

1789，7 月 14 日，法國大革命。

1792，9 月，定金瓶掣簽制度，以決定達賴、班禪轉世璽童之制。

1793，1 月，頒布「欽定西藏章程」。

1795，9 月，乾隆禪位於自己兒子顒琰，改元嘉慶。

西 1796 顒琰（乾隆子）清仁宗（嘉慶君）。

　　　嘉慶西 1796－1820。

1796，1 月，川楚白蓮教大起義爆發。

1799，1 月，太上皇弘曆駕崩，顒琰帝親政，即奪大學士和珅職，賜自盡，抄家產白銀 8 億兩。

1799，拿破崙發動霧月政變，建立臨時政府。

1813，9 月，爆發天理教起義，林清率天理教徒攻入紫禁城。

1820，9 月，大和卓波羅尼都的孫子張格爾率眾在南疆叛亂。

西 1821 綿寧（嘉慶第 2 子）清宣宗（道光帝）。

　　　道光西 1821－1850。

1825，英國發生人類歷史上第一次生產過剩的經濟危機。

1826，3 月，漕糧海運成功。

1827，4 月，清以重兵攻擊張格爾，張格爾被擒，叛亂平定。

1838，11 月，道光帝命林則徐為欽差大臣，前往廣州禁煙。

1839，4 月，林則徐在虎門海灘銷毀收繳的鴉片。

1840，5 月，第一次鴉片戰爭爆發，林則徐被革職。

1842，8 月，清政府被迫簽訂「南京條約」，向英割地賠款。

1844，5 月，簽訂中美「望廈條約」、中法「黃埔條約」。

1845，11 月，與英領事訂立「上海租地章程」，是爲中國有租界之始。

1850，1 月，洪秀全在金田宣布起義，建號「太平天國」，道光帝駕崩，子奕即位，改元咸豐。

西 1851 奕詝（道光第 4 子）清文宗（咸豐帝）。

咸豐西 1851－1861。

1851 太平軍攻克永安，在此建立各項制度。

1852 太平軍攻克武漢三鎮。

1853，3 月，太平軍占領南京，定爲都城，改稱天京。開始派兵北伐和西征。冬，太平天國頒布「天朝田畝制度」。

1856，8 月，太平天國爆發天京之變。

1858，4 月，英法聯軍攻陷大沽口炮台。中俄簽訂「瑷琿條約」。5 月，清政府與俄、美、英、清簽訂「天津條約」。

1860，8 月，英法聯軍攻陷北京，圓明園遭搶掠焚燒。9 月，簽訂「北京條約」。

1861，7 月，咸豐帝駕崩，載淳即位，改元祺祥。9 月，慈禧聯合恭親王奕訢發動辛酉政變，改元同治。

西 1862 載淳（咸豐長子）清穆宗（同治帝）。

同治西 1862－1874。

1862，5 月，英王陳玉成被叛徒逮捕後，遭清軍處死。

1864，4 月，洪秀全死。6 月，天京陷落，太平天國起義失敗。李秀成在南京城外方山被俘。8 月，被曾國藩處死。12 月，阿古柏入侵新疆。

1865，4 月，曾國藩督廂軍，淮軍剿捻。

1868，6 月，簽訂「蒲安臣條約」，11 月東捻軍主力覆滅，次年 8 月西捻軍失敗。

1870，10 月，阿古柏攻陷烏魯木齊。5 月，沙俄趁亂強占伊犁。

1872 輪船招商局在上海創辦。

1873，9 月，左宗棠占領肅州，陝甘起義被鎮壓。

1874，12 月，同治帝駕崩，其堂弟載湉即位，改元光緒，慈禧再度垂簾聽政。

西 1875 醇親王載湉，清德宗（光緒帝）。

光緒西 1875－1908。

1875，1 月，「馬嘉理事件」發生。3 月，清政府命左宗棠爲欽差大臣，率軍入疆平亂。

1876 左宗棠快速擊敗阿古柏，收復烏魯木齊。英國以「馬嘉理事件」迫使清政府簽訂「煙台條約」。

1878 開平礦務局成立。

1879 斯大林出生。

1881，2月，「中俄改訂條約」簽訂，沙俄將伊犂歸還中國。

1882，8月，中朝訂立「水陸通商章程」。

1883 中法戰爭爆發，劉永福率黑旗軍助越抗法。4月，在紙橋激戰中，大敗法軍。

1884，5月，法國遠東艦隊司令孤拔率艦隊突然襲擊福建馬尾軍港，福州水師覆滅。7月，清政府對法宣戰。

1885，4月，「中法會訂越南條約」（中法新約）簽訂。中法戰結束。台灣改建行省。

1866 英軍入侵西藏。清政府修治黃河。

1869，10月2日印席和平革命聖雄甘地生。

1888，11月，北洋海軍成軍，擁有 25 艘軍艦，實力號稱亞洲第一，世界第六。

1889，2月，光緒帝親政。

1890 張之洞在漢陽興建漢陽鐵廠。

1891，7月，「新學偽經考」康有為著完成。

1894 中日甲午戰爭爆發。8月，北洋海軍與日本聯合艦隊在黃海激戰。11月，孫中山在檀香山創建興中會。11月24日夏威夷火奴魯魯。

1895，1月，日軍攻占威海衛，北洋海軍覆滅。3月，李鴻章與日本簽訂「馬關條約」。之後，三國干涉還遼。4月「公車上書」發生。日本佔領台灣。

1896，4月，李鴻章與沙俄訂立密約。

1897 德國武裝占領膠州灣。11月，沙俄出兵強占旅順、大連。

1898，4月，光緒帝頒布「明定國是」詔書，開始變法。8月，慈禧將光緒帝囚禁於中南海瀛台，再次臨朝「訓政」，「戊戌變法」失敗。

1900 義和團進入京津地區。八國聯軍侵華戰爭爆發。

1901，7月慶親王奕劻，李鴻章代表清政府與俄、英、美、日、德等 11 國公使簽訂「辛丑合約」。

1902，1月30日英國、日本同盟（對大清、大韓帝國的獨立地位達成共識）。

1903，12 月，日俄戰爭爆發。華興會成立。

1904 光復會在上海成立。

1905 中國同盟會在日本東京成立。8 月 20 日在東京赤板區靈南板通過同盟會章程。

1908，10 月，光緒帝與慈禧太后先後駕崩，溥儀即位，改元宣統。

西 1909 醇親王載灃子溥儀。

宣統西 1909－1911。

1909 16 省成立諮議局。

1910 預備立憲由 9 年改爲 3 年。日本掌控朝鮮。

1911 四川保路運動爆發。10 月 10 日武昌起義爆發。

1912，1 月 1 日南京臨時政府成立。孫中山當選中華民國臨時大總統。2 月 12 日宣統帝溥儀宣布退位。

中華民國，西 1912 --

西 1912 清溥儀宣統帝退位。

　　　　中華民國成立，孫中山在南京就任臨時大總統。

　　　　袁世凱於北京就任第二屆臨時大總統。

西 1913 南方省份發動第二次革命，失敗，袁世凱就任第一屆大總統。

西 1914 袁世凱解散國會。

　　　　6 月 22 日中華革命黨在東京召開第一次大會。

　　　　第一次世界大戰爆發。

西 1915 袁世凱稱帝，改國號爲「中華帝國」，蔡鍔，唐繼堯等人發動護國運動。

　　　　5 月 9 日中日 21 條交涉，國恥紀念日。（袁世凱與日本簽訂 21 條祕約。）

西 1916 袁世凱取消帝制，不久氣憤而死，黎元洪繼位總統。

　　　　安徽督軍在徐州召開密謀推翻民國。

西 1917 張勳擁溥儀復辟失敗，孫中山在廣州組中華軍政府，展開護法戰爭。

　　　　8 月 14 日北京向德、奧宣戰。（第一次世界大戰。）

　　　　11 月 7 日蘇聯革命紀念日（史大林領導革命）

西 1918 第一次護法失敗。

　　　　孫中山和列寧搭上線。

　　　　11 月 11 日第一次世界大戰結束。

西 1919 年 1 月 18 日巴黎和會開幕，參加國家有英、美等 27 國。

　　　　5 月 4 日「五四愛國運動」，上海發生大罷工。

　　　　10 月 10 日中華革命黨改組爲「中國國民黨」。

西 1920 孫中山重建軍政府，第二次護法運動。

西 1921 廣州中華民國政府成立，孫中山任非常大總統。

　　　　5 月，北朝鮮共產黨成立大會（金日成領導）

　　　　7 月 1 日中國共產黨成立。

　　　　7 月 23 日中國共產黨上海第一次全國代表大會，共 13 人參加。

西 1922 第一次直（河北）奉（遼寧）戰爭。

　　　　6 月 16 日陳炯明叛變，孫中山逃難到永豐艦（後改名中山艦）上。

　　　　日本共產黨成立。

西 1923 孫中山第三度在廣州建立軍政府。

　　　　1 月 26 日孫中山和越飛發表聯合宣言，鮑羅廷接踵來華。

　　　　8 月 16 日孫中山派代表訪問蘇聯。

西 1924 年 1 月 20 日國民黨在廣州舉辦第一次全國代表大會，孫中山擔任大元帥，通過「聯蘇容共」案，第一次國共合作。

1月21日列寧逝世。（列寧生於1870年4月23日，享年54歲。）

5月3日成立黃埔軍校，孫中山任命蔣介石為軍校校長。

6月16日國民革命建軍。

第二次直奉戰爭。

西1925年1月蔣介石率黃埔、粵（廣東）、桂（廣西）聯軍征討陳炯明叛軍。

3月12日孫中山在北京協和醫院因肝病復發病逝，享年59歲。遺言：和平、奮鬥、救中國。

5月30日「五卅慘案」日本屠殺中國軍民。

7月1日廣州國民政府成立，推舉汪精衛（兆銘）為中央委員會主席。

9月15日蔣介石率聯軍征討陳炯明副將劉志隆。

10月7日鮑羅廷宣佈：莫斯科成立「孫逸仙（中山）大學」。

西1926 蔣介石平定陳炯明叛變，「3月中山艦事件」蔣介石開始掌握國民黨，國民政府及國民革命軍。

國民革命軍開始北伐。

西1927 南京國民政府成立，寧漢分裂：右派蔣介石南京（南昌）國民政府；左派汪兆銘（精衛）武漢國民政府。

黃埔軍校遷往南京。

4月12日國共合作破局，蔣介石發動清黨，遭殺害的學生與共產黨支持者，多達32萬人。

8月1日共產黨成立工農紅軍，自南昌起義（平江起義），國民黨稱之為「七卅一事變」，朱德帶領一團兵力奔向井岡山。

8月7日毛澤東發動農民暴動。

8月13日蔣介石第一次引退。

9月15日毛澤東發動秋收起義。

12月上旬廣州起義。

西1928 東北易幟，完成北伐。

3月，譚平山在上海組織「中華革命黨」。

5月3日「五三濟南慘案」。

6月4日奉系（河北）軍閥張作霖（學良父親）遭日軍炸死。

西1930 中原大戰，5月，蔣介石、馮玉祥、閻錫山發生大規模軍閥混戰，戰場以河南為中心，投入1百多萬兵力，歷經七個月。

西1931 東北發生萬寶山事件。

9月18日「九一八事變」，東三省遭日本侵占。

11月7日中共在江西成立「蘇維埃共和國」，毛澤東出任主席。（江西省瑞金井岡山。）

12 月 15 日蔣介石第二次引退。

西 1932，12 月 8 日「一二八事變」（上海事變）日軍攻占上海。

滿州國成立，溥儀二次復辟。

西 1933，5 月日本侵入華北，蔣介石與日本簽訂「塘沽協定」。

11 月 20 日福州發生閩變事件，成立「中華共和國」。

西 1934，10 月 16 日中共放棄江西瑞金「中央蘇區」，開始萬里長征，約有 10 萬人參加，到 1936，10 月 22 日經過湖南、廣西、貴州、雲南、四川、甘肅，最後到達陝西延安地區，全程有 8 千英里（2 萬 5 千里：1 萬 2 千 5 百公里），剩下不足 2 萬人到達目的地。

西 1935，1 月 15 日在貴州中共遵義會議，毛澤東從共產國際派手中，奪得總指揮權，掌握全權。

西 1936，12 月 12 日清晨「西安事變」，日、俄是世仇，使毛澤東、周思來與張學良勾結，劫持蔣介石，逼蔣抗日，成為蘇聯的前鋒，換來中共的生存，一石二鳥，「西安事變」後，學良被蔣軟禁，先在南京，後在台灣，長達 54 年，1990 年恢復自由。

西 1937，3 月 25 日蔣經國偕夫人方良，及長公子孝文，離莫斯科，經海參威返國，4 月 19 日抵上海。

7 月 7 日「七七蘆溝橋事變」對日抗戰開始。國民黨與共產黨第二次合作。

8 月 13 日「八一三松滬會戰」。

8 月 21 日蘇聯與中華民國政府簽訂"中蘇互不侵犯條約"。

12 月 13 日南京陷落，國民政府遷都重慶，日軍南京大屠殺。（約 30 萬以上中國居民）。

西 1938，4 月武漢會戰，台兒莊大捷。

10 月日軍攻陷廣州，共產黨成立「東江縱隊」（廣東人民抗日游擊隊）。

1938，3 月 1 日至 1940，12 月蘇聯斯大林貸款給蔣介石政府，五次共 4 億 5 千萬美元。

西 1939 重慶、西安、成都等地，遭日機轟炸。

第二次世界大戰爆發。

西 1940，3 月 30 日汪精衛（兆銘）於南京宣誓就職，成立「國民政府」。

7 月 22 日彭德懷領導中共八路軍，為挽救蔣介石投降危機，發起百團大作戰，增強對日抗戰勝利的信心。

9 月 27 日在柏林日、德、意三軸心國結盟。

西 1941，10 月 16 日東條英機出任日本首相。

12 月 8 日山本五十六海軍大將，指揮日本聯合艦隊，偷襲美國珍珠港。

11 月 31 日蔣介石出任中國戰區盟軍最高統帥，派杜聿明為緬甸遠征軍，率 10 萬入緬參戰。

西 1942 中國遠征軍首次入緬甸作戰。

西 1943，11 月中、美、英發表「開羅宣言」。

　　3 月，蔣介石發表理論著作「中國之命運」乙書。

　　7 月，意大利墨索里尼所建立法西斯政權遭推翻。9 月，宣佈投降。10 月，倒戈向
　　德國宣戰。

　　共產黨第三國際組織解散，各國獲得獨立運作。

西 1944，4 月豫（河南）湘（湖南）桂（廣西）會戰。

　　6 月 6 日清晨，英、美聯軍從法國諾曼地進攻，占領歐陸的德軍，史稱「諾曼地登
　　陸」。

　　11 月 10 日汪精衛（兆銘）在日本病逝。

西 1945，4 月 30 日蘇聯由東攻入，希特勒自殺。

　　5 月 8 日納粹德國無條件投降。

　　2 月 11 日美、蘇簽訂「雅爾達密約」要求蘇對日參戰。

　　7 月「波茨坦公告」美、英、中宣佈：日本主權限於本州、北海道、九州、四國及其
　　他小島。

　　8 月 6 日美軍在日本廣島投下第 1 顆原子彈。

　　8 月 8 日蘇聯宣布對日開戰。

　　8 月 9 日美軍在日本長崎投下第 2 顆原子彈。

　　8 月 14 日中、蘇簽訂「中蘇友好同盟條約」。

　　8 月 14 日日本政府通告美、英等國，接受「波茨坦宣言」。

　　8 月 15 日日本天皇透過廣播，發佈終止戰爭詔書。

　　外蒙古通過獨立公投。

　　10 月 10 日國民黨、共產黨通過和談，簽訂「雙十協定」，（在重慶）避免內戰，承
　　認黨派平等合作，實行地方自治。

　　11 月 15 日凌晨 4 時，東北內戰爆發。

西 1946 中華民國政府承認外蒙古獨立。

　　新化大地震（台灣）。

　　11 月 15 日蔣介石召開國民大會。

西 1947 國共內戰全面爆發。

　　3 月 21 日國民黨胡宗南收復延安，雪 21 年（1927）之恥。（1927 年 8 月 1 日南昌
　　起義，國民黨稱七卅一事變，朱毛奔向井岡山）。

　　8 月 18 日彭德懷發起沙家店戰役，沙家店的勝利，是西北野戰軍由戰略防禦，轉入
　　戰略反攻的轉折點。

　　2 月 28 日，台灣發生「二二八事件」。

西 1948 蔣介石當選第一任中華民國總統，副總統李宗仁。

毛澤東邀請各黨派在哈爾濱召開「政治協商會議」。

譚平山在香港組織「國民革命委員會」。

3 月遼瀋戰役，國民黨東北全失，林彪入關，華北覆巢。

西 1949 徐蚌會戰國慘敗，蔣介石下野（1949 年 1 月 21 日第三次引退），李宗仁代總統與共
產黨和談，和談破裂。

淮海戰役自 1948，11 月 6 日至 1949，1 月 10 日歷時 66 天。

後來李宗仁流亡美國，1965，7 月 20 日投共，1968 年因肺炎病逝北京。

國民政府先後遷都廣州、重慶、成都，最後台北。

5 月 20 日台灣開始戒嚴。

金門古寧頭戰役，是 10 月 25 日國軍首次大捷。

在台推行「三七五減租」，發行新台幣。

10 月 1 日下午 3 時，中華人民共和國成立，獲得蘇聯承認。

北大西洋公約，是以美國、英國、法國為首的歐洲防衛體系。

日治時期歷任台灣總督及民政長官表

總督姓名	在任時間	民政長官姓名	在任時間
1.樺山資紀	1895.05.10－1896.06.02	水野遵	1895.05.21－1897.07.20
2.桂太郎	1896.06.02－1896.10.14		
3.乃木希典	1896.10.14－1898.02.26	曾根靜夫	1897.07.20－1898.03.02
4.兒玉源太郎	1898.02.26－1906.04.11	後藤新平	1898.03.02－1906.11.13
5.佐久間左馬太	1906.04.11－1915.05.01	祝辰巳	1906.11.13－1908.05.22
		大島久滿次	1908.05.30－1910.07.27
		宮尾舜治	1910.07.27－1910.08.22
		內田嘉吉	1910.08.22－1915.10.20
6.安東貞美	1915.05.01－1918.06.06	下村宏	1915.10.20－1921.07.11
7.明石元二郎	1918.06.01－1919.10.26		
8.田健治郎	1919.10.29－1923.09.02	賀來佐賀太郎	1921.07.11－1926.09.19
9.內田嘉吉	1923.09.06－1924.09.01		
10.伊澤多喜男	1924.09.01－1926.07.16		
11.上山滿之進	1926.07.16－1928.06.16	後藤文夫	1926.09.22－1928.06.26
12.川村竹治	1928.06.16－1929.07.30	河原田稼吉	1928.06.26－1929.08.03
13.石塚英藏	1929.07.30－1931.01.16	人見次郎	1929.08.03－1931.01.16
14.太田政弘	1931.01.16－1932.03.02	高橋守雄	1931.01.17－1931.04.14
		木下信	1931.04.15－1932.01.12
		平塚廣義	1932.01.13－1936.09.02

15.南弘	1932.03.02－ 1932.05.26		
16.中川健藏	1932.05.27－ 1936.09.02		
17.小林躋造	1936.09.02－1940.11.27	森岡二郎	1936.09.02－1940.1126
18.長谷川清	1940.11.27－1944.12.30	齋藤樹	1940.11.27－1945.01.05
19.安藤利吉	1944.12.30－1945.08	成田一郎	1945.01.06－1945.08

年表　台灣簡史

230	三國吳大帝黃龍 2 年	孫權派將軍衛溫、諸葛直率萬餘甲士探訪夷洲。
264	孫休吳景永安 7 年	吳人沈瑩作「臨海水土志」，記載夷州地理及居民生活，生產情形。
607	隋大業 3 年	隋煬帝派朱寬探訪流求。
610	隋大業 6 年	隋將陳稜率萬餘人到流求，帶回數千男女。
656	唐高宗顯慶元年	「隋書」成稿，其中「東夷列傳」內載有「流求國」的記錄。
1171	南宋孝宗乾道 7 年	4 月泉州知府汪大猷派兵屯守澎湖，不久便離去。
1225	南宗理宗寶慶元年	福建路市舶提舉趙汝适著「諸番誌」，書中有「琉求」、「毗舍耶」等篇。
1291	元世祖至元 28 年	9 月，忽必烈派楊祥征流求未至而回。
1297	元成宗大德元年	福建省平章政事高興派省都鎮撫張浩，新軍萬戶張進率兵到琉求，帶回 130 餘名土人。
1349	元順帝至正 9 年	汪大淵作「島夷誌略」，記載台澎地理、風物、人情。
1360	元順帝至正 20 年	設立澎湖巡檢司，隸屬福建省晉江縣。
1387	明太祖洪武 20 年	明政府撤除巡檢句，將澎湖島上居民遷往福建漳州、泉州。
1535	明世宗嘉靖 14 年	葡萄牙人取得在澳門貿易的特權。
1544	明世宗嘉靖 23 年	葡萄牙商船經台灣附近海面，稱台灣島有 Formosa，此即「福爾摩沙」一名的由來。
1554	明世宗嘉靖 33 年	葡萄牙人羅伯歐蒙繪製的世界地圖中，首次繪出福爾摩沙島。
1563	明世宗嘉靖 42 年	海盜林道乾在明軍俞大猷的追擊下，敗走台灣。
1574	明神宗萬曆 2 年	海盜林鳳自澎湖率船艦攻擊西班牙人佔領之下之呂宋（菲律賓）。
1592	明神宗萬曆 20 年	倭寇侵犯台灣雞籠、淡水。
1593	明神宗萬曆 21 年	日本人豐臣秀吉派家臣高砂國催促納貢未成。
1597	明神宗萬曆 25 年	明政府增設澎湖游兵，1 總 4 哨、戰船 2 艘、目兵 800，春

　　　　　　　　　　　　　　　　秋汛守。

| 1602 | 明神宗萬曆 30 年 | 明陳第隨福建都司沈有容到澎湖剿寇。 |

何蘭聯合東印度公司成立。

1603	明神宗萬曆 31 年	明陳第作「東番記」。
1604	明神宗萬曆 32 年	明將沈有容論退紅毛番，荷蘭艦隊司令韋麻郎率部隊離開澎湖。
1609	明神宗萬曆 37 年	日本大臣德川家康命有馬晴信攻台，擄原住民而去。
1616	明神宗萬曆 44 年	日長崎代官村山等安，奉德川幕府令，派 3、4 千士兵分乘 13 艘船遠征台灣，中途因颱風遇難。
1619	明神宗萬曆 47 年	荷蘭人在爪哇的巴達維亞設之總督府。
1621	明熹宗天啟元年	海盜顏思齊率其黨人入居台灣。
1622	明熹宗天啟 2 年	7.11 荷蘭軍盤隊司令高文律 Comelis Reijersz 率兵艦佔領澎湖，向明廷請求互市。
1624	明熹宗天啟 4 年	2.20 明總兵俞咨皋出兵攻擊澎湖的荷蘭人。

8.30 荷蘭人在大員登陸，開始營建奧倫治城（後改稱熱蘭遮城），並在北線尾建築商館。

| 1625 | 明熹宗天啟 5 年 | 7 月大員長官宋克 Martinus Sonck 沒收日船生絲抵償關稅。 |

海盜李旦逝世，其勢力由鄭芝龍接掌。

顏思齊逝世。

荷蘭人開始於新港社赤崁建普羅民遮市街。

| 1626 | 明熹宗天啟 6 年 | 5.11 西班牙人到台灣最東點，將此地命名為 Santiago 三貂角。 |

5.12 西班牙人至雞籠。

5.16 西班牙人於今基隆和平島舉行佔領儀式，並開始建築聖薩爾瓦多城。

| 1627 | 明熹宗天啟 7 年 | 1626 年日本朱印船船長濱田彌兵衛率船至台灣，與荷人發生糾紛滯留台灣，於本年偕新港社番 16 名，及漢通事 2 名等，台灣代表返日。 |

荷蘭傳教士 Georgius Candidius 抵台，至新港社傳教。

荷蘭任命奴易滋為第 3 任大員長官。

荷蘭人與明朝官方合作攻擊鄭芝龍，在銅山（今福建東山）交戰，大敗而回。

| 1628 | 明思宗崇禎元年 | 7.3 濱田彌兵衛與奴易滋訂定和約，雙方交換人質。7 日濱田 |

離台返日，日本封閉平戶的荷蘭商館。

7月，西班牙人建聖多明哥城於淡水。

8月，鄭芝龍投降明朝。

1632	明思宗崇禎 5 年	西班牙人沿淡水河進入台北平原。
		西班牙人進佔蛤仔難沿岸。
		奴易滋因濱田彌兵衛事件被引渡至日本謝罪。
1633	明思宗崇禎 6 年	鄭芝龍於料羅灣大敗荷艦。
1634	明思宗崇禎 7 年	熱蘭遮城完工。
		荷蘭出兵征服小琉球。
1635	明思宗崇禎 8 年	荷蘭人興築烏特勒支堡。
1636	明思宗崇禎 9 年	荷蘭征服蕭瓏社，大員附近 28 個番社向聯合東印度公司宣示效忠。
		西班牙人退出淡水。
		荷蘭人在魍港建築的碉堡完工。
1637	明思宗崇禎 10 年	2.3 荷蘭人至卑南探勘金礦。
1638	明思宗崇禎 11 年	荷蘭人進攻華武壠社。
1640	明思宗崇禎 13 年	荷蘭人實施贌社制度。
		鄭芝龍與荷蘭人訂立貿易協定。
1642	明思宗崇禎 15 年	8.19 荷蘭船艦開赴雞籠，進攻西班牙人，西人於 26 日退出，佔據北台灣 16 年。
		11.20 荷軍攻擊大波羅社及大武郡社。
1644	明思宗崇禎 17 年	吳三桂引清兵入關。李自成稱帝。北京淪陷，崇禎自盡，明亡。
		福王朱由崧在南京稱帝。
1645	南明隆武元年	福王朱由崧被殺。唐王朱聿鍵在福州稱南明帝，號隆武。
		8月唐王賜鄭成功朱姓，人稱「國姓爺」。
		荷人召集各番社長老成立「評議會」。
1646	南明隆武 2 年	3月唐王封鄭成功「忠孝伯」，掛「招討大元帥」印。
		鄭芝龍投降清廷。
1647	南明永曆元年	桂王朱由榔在肇慶稱帝，年號永曆。
		5月，鄭成功據鼓浪嶼抗清。
1648	南明永曆 2 年	荷人在麻豆社、赤崁設學校。
1651	南明永曆 5 年	5月，施琅得罪鄭成功，投降清朝，被授以同安副將一職。

明朝遺老沈光文（文學家）在金門遇風飄至台灣。

1652	南明永曆 6 年	8.6 爆發郭懷一抗荷事件。
1653	南明永曆 7 年	普羅民遮城完工。
		7 月，桂王封鄭成功爲延平王。
1656	南明永曆 10 年	6 月，清廷頒行「海禁政策」，凡沿海口岸，不許船隻出入。
1657	南明永曆 11 年	荷人派何斌與鄭成功談判。
1658	南明永曆 12 年	5 月，鄭成功開始北伐。
1659	南明永曆 13 年	4.21 荷人解除何斌的通事及徵稅職務，何斌轉向投效鄭成功，並遊說鄭成功奪取台灣。
		7 月，鄭成功攻南京失敗，10 月退守金門、廈門。
1661	南明永曆 15 年	3 月，鄭成功親自率軍至澎湖，再轉攻台灣，於 30 日登陸鹿耳門。
		4.4 普羅民遮城守將投降。
		5.2 鄭成功定台灣爲東都，赤崁爲承天府，置天興，萬年二縣，改大員爲安平鎮。
		12.13 荷蘭統率揆一獻熱蘭遮城投降。荷蘭據台共 38 年。
		鄭氏命軍隊至各地屯墾，以長期抗清。
		12 月，吳三桂殺南明桂王。
1662	南明永曆 16 年	5.8 鄭成功猝逝，年 39 歲。
		6 月，鄭經在廈門發喪嗣位，以周全斌爲五軍都督，以陳永華爲諮議參軍，馮錫範爲侍衛。11 月抵台灣。
1663	南明永曆 17 年	1 月，鄭經得知桂王在雲南遇害，仍奉「永曆」年號，返回廈門。
		明遺臣寧靖王朱術桂抵台，營府邸於赤崁。即今台南大天后宮。
		5.26 鄭經在金門大敗清、荷聯軍。
		6 月，鄭成功手下財政大臣鄭泰，遭鄭經猜忌、扣留，自殺，鄭經對五商十行控制力大減。
1664	南明永曆 18 年	3 月，鄭經放棄金門、廈門，退守台灣，改東都爲東寧，改天興，萬年二縣爲州。
		清廷厲行遷界令，嚴令禁止出海。
1665	南明永曆 19 年	4 月，施琅首次率軍進攻台灣遇風折返。
1666	南明永曆 20 年	1 月，承天府孔廟落成。

鄭氏鑄造永曆錢。

1667	南明永曆 21 年	1 月，清廷遣使赴台招撫鄭經，未獲結果。
1668	南明永曆 22 年	1 月，清廷裁福建水師提督，盡焚沿海船艦，表示無意海上。
1668	南明永曆 22 年	9 月，荷蘭人自雞籠撤離。
		林圯遭水沙連原住民殺害。林圯鄭成功部下，至斗六門墾荒，後稱林圯埔。
1670	南明永曆 24 年	5.7 英國人與鄭經通商，英船至東寧。
		7.27 鄭王朝與英就非正式通商條款 37 條達成協議。
		劉國軒鎮壓斗尾龍岸番、沙轆社，大肚番逃入水沙連。
1672	南明永曆 26 年	6.21 英國東印度公司商船抵安平。8.23 正式訂定通適條款 13 條。
1674	南明永曆 28 年	5 月，爆發「三藩之亂」。鄭經攻佔廈門。耿精忠響應抗清。
		6 月鄭經入泉州，10 月佔漳州。
1675	南明永曆 29 年	荷蘭長官揆一（C.E.S.）「被遺忘的台灣」一書撰成。
1677	南明永曆 31 年	2 月，清軍陷泉州，入漳州，鄭經退保廈門。
1678	南明永曆 32 年	3.16 清廷重申遷界之令，上起福州，下至詔安，遷徙居民，鄭王朝商業遭受嚴重打擊。
1679	南明永曆 33 年	4 月，鄭經立鄭克臧爲「監國」。
1680	南明永曆 34 年	3 月，鄭經放棄內陸及金廈，退回台灣東寧，10 萬大軍降清。
		6 月，鄭王朝重臣陳永華病逝。
		鄭經毀雞籠城。
		鄭經西征失敗，退回台灣。
1681	南明永曆 35 年	1.28 鄭經卒。1.30 馮錫範殺鄭克臧，由鄭克塽繼位。
		7.28 清廷以施琅爲福建水師提督。
		王世傑入墾竹塹（今新竹）
1682	南明永曆 36 年	8 月，雞籠山原住民叛亂，鄭氏令通事招撫。
1683	南明永曆 37 年	6.16 施琅率戰船抵達澎湖。
		6 月，寧靖王與其五位姬妾自縊殉國（五妃廟）。
		8.18 鄭克塽降清。
	清康熙 22 年	9.10 清廷封施琅爲「靖海侯」。
		12.22 施琅上「台灣棄留疏」，諫阻清廷放棄台灣。

實施「編查流寓六部處分則例」嚴管台灣居民。

1684	清康熙 23 年	清廷頒佈渡台禁令。
		建府城天妃廟，主祀媽祖。
		清廷在台設置 1 府（台灣府），3 縣（台灣縣、鳳山縣、諸羅縣），隸屬於福建省。
		設台灣鎮，下轄 10 營，編制有總兵 1 名，副將 2 名，參將 2 名，游擊 8 名，守備 10 名，千總 20 名，把總 40 名，班兵 1 萬名。
1685	清康熙 24 年	設台灣府儒學於台南孔廟。
		蔣毓英纂修「台灣府志」，爲台灣最早的地方志。
1686	清康熙 25 年	諸羅縣設立新港、蕭壠、目加溜灣、麻豆 4 社社學。
		廣東客家人入墾下淡水（今屏東平原）一帶。
1687	清康熙 26 年	正式舉辦科舉考試。
1690	清康熙 29 年	台廈道王效宗，總兵王化行將鄭氏庭園改建爲開元寺。
1695	清康熙 34 年	台北地區通事賴科向諸羅縣呈報「崇爻八社」歸化清廷。
		高拱乾撰成「台灣府誌」。
1697	清康熙 36 年	郁永河赴台灣北投採硫磺，作「裨海紀遊」乙書。
1699	清康熙 38 年	通霄社番亂。
		北投社番亂。
1704	清慶熙 43 年	建立台灣第一所崇文書院。
		諸羅縣築木柵爲城。
1708	清康熙 47 年	江日昇作「台灣外記」。
1709	清康熙 48 年	墾戶陳賴章取得台北地區的墾照。
1712	清康熙 51 年	台灣知府周元文撰「重修台灣誌」。
1714	清康熙 53 年	耶穌會教士馮秉正測繪台灣地形圖，並勘丈里數。
		清廷以大甲溪爲介，視淡水爲化外之地，非有官照，人民不得私行。
1715	清康熙 54 年	陳璸出任福建巡撫。
1716	清康熙 55 年	岸裡社土官阿穆請墾台中貓霧捒之荒地。
1717	清康熙 56 年	澎湖築城。
1718	清康熙 57 年	新設「淡水營」，守備 1 名統轄 500 名兵，駐防淡水。
1719	清康熙 58 年	彰化地區大租戶施世榜建築八堡圳，引濁水溪至二水，開拓東螺堡。
1720	清康熙 59 年	建海東書院。

1721	清康熙 60 年	4.19 朱一貴招集羅漢腳出擊崗山塘汛，正式反官。杜君英隨後響應，5.1 攻破台灣府城。
		5.10 下淡水地區粵民組成「六堆」，號稱「義民」，與閩人相互殘殺，是台灣首次出現的分類械鬥。
		6 月，南澳鎮總兵藍廷珍，水師提督施世驃抵台平定朱一貴之亂。
		設立巡台御史，漢、漢各 1 人。
1722	清康熙 61 年	台灣首度劃定「番界」。
		築鳳山縣土城。
1723	清雍正元年	增設彰化縣、淡水廳。
		藍廷珍升任水師提督。
		台南出現「郊」（商業公會組織）。
		藍鼎元作「東征集」。
		台灣付建築木柵城牆。
		張達京被任命為岸裡社總通事。
1726	清雍正 4 年	水沙連社骨宗反亂。
1727	清雍正 5 年	府城大關帝廟列入祀典，成為祀典武廟。
		淡水營營盤移駐八里坌。
		改台廈道為台灣道，增設澎湖廳。
1728	清雍正 6 年	出現台灣最早的諸羅縣「父母會」會黨。
		發生「山豬毛社」事件。
1730	清雍正 8 年	淡水營守備改為都司。
1731	清雍正 9 年	淡水同知始駐竹塹。大甲溪以北劃歸淡水同知管理。台灣縣丞改駐羅漢門。佳里興巡檢由笨港移駐鹽水港。下淡水縣丞由赤山移駐大崑麓。新設笨港縣丞、萬丹縣丞、鹿仔港巡檢、貓霧捒巡檢、竹塹巡檢、八里巡檢。
		爆發大甲西社番亂，中部地區熟番番社紛紛響應。
1732	清雍正 10 年	發生鳳山吳福生反官事件。
1733	清雍正 11 年	台灣綠營大幅擴編，新設「城守營」，北路營參將改為副將，下轄中、左、右 3 營。南路營下新增「下淡水營」。
		張達京建築貓霧捒圳，與岸裡社「割地換水」。
1735	清雍正 13 年	爆發柳樹湳，登台庄生番殺人事件。
1739	清乾隆 4 年	艋舺龍山寺落成，主祀觀世音。
		創建府城「風神廟」。

1740	清乾隆 5 年	清廷賜岸裡社原住民「潘」姓。
1741	清乾隆 6 年	劉良璧總纂「重修福建台灣府誌」。
1746	清乾隆 11 年	八里坌巡檢移駐新庄。
		范咸等撰成「重修台灣府誌」。
1751	清乾隆 16 年	設立水沙連，拳頭母官庄。
1755	清乾隆 20 年	林秀俊闢大安圳。
1757	清乾隆 22 年	新莊地藏庵創建，主祀大衆爺。
1758	清乾隆 23 年	竹塹社番賜姓「潘」。
1759	清乾隆 24 年	新設南投縣丞。
1760	清乾隆 25 年	郭錫瑠建成「五庄圳」，爲「瑠公圳」前身。
		台灣道楊素景在彰化，淡水番界上修築土牛（番界）
		余文儀著手撰寫「續修台灣府志」。
1761	清乾隆 26 年	潘敦仁出任岸裡社總通事。
		鳳山縣丞由萬丹改駐阿里港，新港巡檢移駐斗六門，下淡水巡檢由
		大崑麓移駐崁頂。
1763	清乾隆 28 年	貢生胡焯猷設義學，建明志書院。
		府城三郊重修水仙宮，作爲三郊的總事處。
1766	清乾隆 31 年	新設南北路理番同知，南路由海防同知兼任。
		余文儀鎮壓淡水攸武乃社。
1767	清乾隆 32 年	清廷改台道爲台灣兵備道。
1768	清乾隆 33 年	9 月，黃教四處劫掠塘汛，官兵搜捕半年，於次年 3 月擒獲。
1769	清乾隆 34 年	通事吳鳳遭原住民殺害。
1772	清乾隆 37 年	發生「小刀會」（民間互助團體）事件。
1774	清乾隆 36 年	余文儀「續修台灣府誌」成書。
1777	清乾隆 42 年	台灣知府蔣元樞建接管亭坊。
1782	清乾隆 47 年	彰化刺桐腳爆發漳泉械鬥。
1784	清乾隆 49 年	清連丈量番界墾地。
1786	清乾隆 51 年	淡水同知潘凱遭生番殺害。
		11 月，天地會林爽文反官，莊大田隨後響應，台灣陷入動亂。
		鹿港龍山寺落成，主祀觀世音。
1787	清乾隆 52 年	改諸羅縣爲嘉義縣。
1788	清乾隆 53 年	莊大田被捕。福康安平定林爽文之亂。
		新設斗六門縣丞，原斗六門巡檢移駐大武壠。阿里港縣丞移駐下淡

水（阿猴），下淡水巡檢移駐興隆里（今左營）

艋舺清水祖師廟落成。

1789	清乾隆 54 年	羅漢門縣丞與新庄巡檢互調，改為羅漢巡檢，新庄縣丞。
1791	清乾隆 56 年	清廷於台灣實行「屯番」制度。
		彰化縣爆發漳泉械鬥。
1792	清乾隆 57 年	台灣八里坌（淡水河口）與福建五虎門（閩江口）通航。
1795	清乾隆 60 年	鳳山陳光愛、彰化陳周全反官。
1796	清嘉慶元年	吳沙進入蛤仔難開墾。
1800	清嘉慶 5 元	海盜蔡牽攻鹿耳門；海盜黃勝長攻八里坌。
1804	清嘉慶 9 年	彰化平埔族由潘賢文率領，遷至蛤仔難。
1805	清嘉慶 10 年	大龍峒保安宮（在大稻埕）落成，主祀保生大帝。
1806	清嘉慶 11 年	淡水發生漳泉械鬥。
1809	清嘉慶 14 年	蛤仔難發生三籍械鬥。
		北路淡水壞編升格為「艋舺營」。
		新庄縣丞改為艋舺縣丞；鹿仔港巡檢移駐大甲。
		海盜蔡牽在黑水溝遭王得祿（義軍）包圍，將座船擊沈自盡。
1810	清嘉慶 15 年	羅漢門巡檢移駐蕃薯寮。
		蛤仔難歸入版圖，改稱噶瑪蘭。
1812	清嘉慶 17 年	建噶瑪蘭廳，設通判 1 名（駐五圍，今宜蘭市），縣丞 1 名（駐頭圍，今頭城鎮），巡檢 1 名（駐羅東）。
		清廷命楊廷理為首任噶瑪蘭通判。
		新設「噶瑪蘭營」。
1816	清嘉慶 21 年	官府將違法開墾埔里的郭百年等人驅逐出山，是為郭百年事件。
1822	清道光 2 年	噶瑪蘭林永春反官。
1823	清道光 3 年	竹塹鄭用錫中進士，號為「開台進士」。
1824	清道光 4 年	林平侯闢三貂嶺道路。
1826	清道光 6 年	淡水廳爆發閩粵分類械鬥，黃斗乃趁機襲擊中港，報私仇，因此被捕處死。
		竹塹城改築石城。
1828	清道光 8 年	淡水吳全等人進入花蓮港開墾。
1829	清道光 9 年	陳集成墾號進入大嵙崁（今桃園大溪一帶）開墾。
1831	清道光 11 年	閩粵人合資設金廣福墾號，設隘防番，向內山拓墾。
1832	清道光 12 年	10 月，嘉義縣人張丙因米糧問題被通緝，連知縣，知府也被殺害，

12 月才平定。

1834	清道光 14 年	「北路左營」改制爲「嘉義營」。
		淡水廳爆發閩粵械鬥，亂事持續至道光 20 年。
1838	清道光 18 年	鳳山知縣曹謹倡議建築曹公圳。
1839	清道光 19 年	全台紳民響應禁煙運動。
1841	清道光 21 年	中英鴉片戰爭波及台灣，停泊雞籠的英籍船艦納爾不達號被擊沈。
1842	清道光 22 年	姚瑩，達洪阿在淡水再敗英艦。
1843	清道光 23 年	1.25 英人璞鼎查指控姚瑩、達洪阿妄殺船難的英國人，清廷令閩浙總督怡良渡台查辦。
		3.24 清廷寬免姚瑩，達洪阿之罪。
		3 月，台灣縣民郭光侯等抗拒台灣縣開徵錢糧，聚衆抗議，遭官兵圍剿。
1844	清道光 24 年	8 月，郭光侯抗糧事件因越級上京呈控，全案於次年 9 月終結。
1845	清道光 25 年	1 月，彰化發生地震，民房坍塌 4 千餘間。
		6 月，台灣南部遭巨颱侵襲，海水倒灌，死亡 3 千餘人。
		林國華在板橋本家建林本源家弼益館。
1846	清道光 26 年	北路理番同知史密，巡道熊一本與閩浙總督劉韻珂等奏請解除水沙連 6 社開墾禁令，清廷不准。
1847	清道光 27 年	4 月，閩浙總督劉韻珂渡台巡閱。
		閩浙總督劉韻珂將艋舺文甲書院更名爲學海書院。
		英船抵雞籠，勘查附近煤礦。
1848	清道光 28 年	吳全拓墾花蓮之吳全城。
1849	清道光 29 年	4.2 美國東印度艦隊司令派遣船隻駛台。
		5.5 抵達雞籠港，取得優質煤炭樣品，乃建議美國與中國交涉建置儲煤站於雞籠。
1850	清道光 30 年	3.26 英國船艦駛入雞籠港要求購煤被拒，30 日離去。
		台灣道徐宗幹訂定「全台紳民公約」6 條。
1851	清咸豐元年	1 月，清廷重申台灣禁採煤礦、硫磺的命令。
		英國駐廈門領事巴夏禮，至雞籠視察。
1852	清咸豐 2 年	11 月，李祺生續修「噶瑪蘭廳通志」付梓。
1853	清咸豐 3 年	淡水廳發生頂下郊拼，福建同安人敗退，移居大稻埕。
		8.14 宜蘭吳磋、林汶英抗糧反官，噶瑪蘭通判董正官遇害。
1854	清咸豐 4 年	美船馬其頓號駛入雞籠，調查遭船難之美國人，並勘查雞籠煤礦。

閏 7 月，福建小刀會匪黃位竄入雞籠，被曾玉明擊退。霧峰林文察在
此役中嶄露頭角。

1856　清咸豐 6 年　艋舺青山宮創建，主祀靈安尊王。

1858　清咸豐 8 年　6.8 英人郇和（Roben Swinhoe）乘英艦抵台堪察煤礦。

　　　　　　　　　6 月，中國分別與美、英、法簽訂「天津條約」，台灣正式開埠。

　　　　　　　　　霧峰林家開始興建宮保弟。

1859　清咸豐 9 年　4.3 大稻埕霞海城隍廟落成。

　　　　　　　　　5.8 西班牙道明會教士郭德剛、何保祿抵台宣教。

　　　　　　　　　9.7 淡水廳港仔嘴、加蚋仔、枋橋各地發生漳泉械鬥，加蚋仔遭毀。

　　　　　　　　　淡水大龍同庄人陳維英中舉人。

1860　清咸豐 10 年　9 月，北部械鬥再起，漳人攻入新莊，波及大坪頂及桃仔園一帶。

　　　　　　　　　景美「集應廟」創建，主祀「保儀尊王」。

　　　　　　　　　「北京專約」簽訂，開放台灣安平及淡水二口為通商口岸。

　　　　　　　　　英國在台灣設立領事館。

　　　　　　　　　怡和洋行及 Dent 洋行進駐台灣。

1861　清咸豐 11 年　11 月，郇和由廈門乘艦抵打狗，轉至台灣府，於滬尾開設海關。

　　　　　　　　　12 月，英國領事館由台灣府遷至滬尾。

　　　　　　　　　新設全台釐金局，歸台灣道管轄。

　　　　　　　　　郭德剛至萬金庄向平埔族傳教。

　　　　　　　　　台灣道實施樟腦專賣制度。

1862　清同治元年　3.17 戴潮春反清，19 日攻佔彰化。次月，林日成攻阿罩霧，陳弄攻
　　　　　　　　　鹿港、嘉義及大甲等地。

　　　　　　　　　6.8 林向榮解嘉義之圍。

　　　　　　　　　7.18 淡水正式設關徵稅。

1863　清同治 2 年　1 月，義首蔡宇攻牛罵頭。

　　　　　　　　　5 月，竹塹林占梅辦理團練，收復大甲。

　　　　　　　　　9 月，福建陸路提督林文察帶兵返台鎮壓戴潮春之亂。

　　　　　　　　　12 月，戴潮春被捕。

　　　　　　　　　雞籠開設海關，成為淡水子口。

1864　清同治 3 年　3 月，林文察率軍圍剿小埔心（今彰化埤頭鄉）陳弄。

　　　　　　　　　5 月，打狗及安平開設海關。

　　　　　　　　　英籍稅務司美里登 Meritens 要求開採煤礦，被福建巡徐宗幹，台灣道
　　　　　　　　　丁日健拒絕。

1865	清同治 4 年	3 月，太平軍攻入漳州，台灣地區進入警戒狀態。

7 月，謠傳彰化馬雅各 James L. Maxwell 取死人心肝治藥，暴民圍攻醫院。

10 月，暴民焚燒萬金教會。

噶瑪蘭西皮福祿械鬥，賭徒糾紛，蔓延全宜蘭。

1866	清同治 5 年	郇和在打狗哨船頭山上建立英國領事館。

英人杜德 John Dodd 在雞籠種茶。

1867	清同治 6 年	3.12 美船羅發號觸礁（在墾丁），遭瑯嶠番人襲擊。

4 月，美國駐廈門領事李仙德照會台灣官方，查辦襲擊船難民一事。

5.12 美艦登陸龜山報復，副艦長戰歿。

8.13 台灣總兵官劉明燈率軍至瑯嶠。

9.13 李仙德入瑯嶠番社，與頭目卓杞篤議和。

杜德試種烏龍茶。

德記洋行在安平開設分店。

長老教會李庥 Huge Ritchie 至打狗地區傳教。

丁日健「治台必告錄」成書。

1868	清同治 7 年	3.19 鳳山北門外長老教會教堂被毀。

英商必騏麟在梧棲走私樟腦，被鹿港同知扣留。

4.2 教民莊清風在鳳山縣左營庄被鄉民毆斃。

6.26 英國公使阿禮國 R. Alock 派海軍至台灣示威。

10.8 福建興泉永道曾憲德與英國領吉必勳 John Gibson 在後商談樟腦事件及鳳山教案的善後辦法。

10.12 英艦砲擊安平，毀軍裝局及火藥局，江國珍等殉職。

10.13 府城紳商交付英軍 4 萬元作為押金，英軍同意停戰。

1869	清同治 8 年	清廷實施裁兵加餉，台灣的綠營兵大幅縮減為 7700 名

7.1 大南澳侵墾事件。

1871	清同治 10 年	11.6 琉球人飄至八瑤灣，上岸船員被牡丹社原住民殺害。

1872	清同治 11 年	2.1 馬偕抵達台灣北部，開始傳教事業。

5.22 日本通譯官水野遵從上海來台。

7.28 鹿兒島縣參事大山綱良建議日本向台灣問罪。

9.8 日本陸軍少佐樺山資紀到台灣調查。

10.20 日本內閣會議決議出兵台灣。

1873	清同治 12 年	7.1 日本樺山資紀等人由福州抵達淡水，在台從事調查及情報蒐集，

滯留 4 個月離去。

板橋林家創設大觀義學。

| 1874 | 清同治 13 年 | 3.22 日軍在社寮地方登陸，爆發「牡丹社事件」。 |

4.7 日軍攻擊牡丹社、高士佛社，雙方戰於石門。

4.14 清廷命沈葆楨爲欽差大臣，辦理台灣等地海防及各國事務。

7.25 沈葆楨籌建「億載金城」砲。

9.22 中日雙方就牡丹社事件簽約，中國承認日本的軍事行動爲「保民義舉」，賠償軍費 50 萬兩，日本則承諾自台灣撤兵。

1875 清光緒元年 1.12 清廷命沈葆楨負責經理台灣的開山撫番事務。

2.13 沈葆楨抵台。

11.14 丁日昌繼任福建巡撫。

12.20 地方行政區重劃，增設台北府、淡水縣、恆春縣、新竹縣、卑南廳、埔里社廳、基隆廳、改噶瑪蘭爲宜蘭縣。全島共分爲 2 府、8 縣、4 廳。

1876 清光緒 2 年 8.24 基隆煤礦開始以機器採煤。

1877 清光緒 3 年 2.8 丁日昌奏請將上海淞滬鐵路拆除後的材料運往台灣，以供建築鐵路之用。

台南府城至旗後的電報線完工。

1878 清光緒 4 年 6.19 加禮宛等 7 社原住民襲擊駐紮新城的清軍。

9.1 福建巡撫吳贊誠渡台籌辦「剿撫生番」事宜。

1879 清光緒 5 年 6.25 林維源因捐款 50 萬元，獲賞三品頭銜及一品封典。

廢艋舺縣丞。

1881 清光緒 7 年 4.8 清廷調岑毓英爲福建巡撫，劉璈爲台灣道。

7.18 琛航、永保二艘輪船開始航行福建與台灣之間，運送官兵及文報，同時搭載民間客貨。

閏 7.18 岑毓英抵台，察看各地情形，決定建造大甲溪橋。

1882 清光緒 8 年 5.4 理學堂大書院落成。

1883 清光緒 9 年 3.24 鵝鑾鼻燈塔落成啟用。

12.12 淡水女學堂落成，首屆學生 34 人，全部都是宜蘭的平埔族。

1884 清光緒 10 年 清廷命淮軍名將劉銘傳督辦台灣防務，於閏 5.24 抵台。

6.15 中法戰爭波及台灣，法國軍艦砲擊基隆，毀社寮島砲台。

7.3 法軍突襲馬尾港，福建水師全軍覆沒。

8.13 法將孤拔於仙洞登陸，與曹志忠，林明棟等戰於獅球嶺。

8.20 法軍砲艦猛轟滬尾，陸戰隊在沙崙搶灘登陸，被孫開華、張李成率領的兵勇擊退。

1885 　清光緒 11 年　1.7 法軍宣佈全面封鎖台灣島。

1.28 法軍攻下獅球嶺，清軍退守基隆河南岸。

2.15 法軍攻佔澎湖媽宮港。

5.8 中法於天津達成和議，法軍於 6.24 全數撤離台灣。

5.10 法將孤拔病死於澎湖。

5.13 劉璈被彈劾革職。

7.29 劉銘傳奏「條陳台澎善後事宜」摺，主張台灣的善後急務在於設防，練兵、清賦、撫番等 4 事。

9.5 清廷宣佈台灣建省。改「福建台灣巡撫」，以劉銘傳爲 1 任巡撫。

9.21「長老教會中學」（今長榮中學）創立，爲台灣第 1 所私立中學。

設置軍械機器局於台北。

1886 　清光緒 12 年　2.18 清廷命林維源幫辦台北開墾及撫番事務。

4 月，開如「清賦」工作。

5.8 劉銘傳奏報過去半年間，台灣中路及南路生番歸化 400 餘社，共 7 萬多人。

9.16 劉銘傳進駐彰化大坪，督林朝棟、吳宏洛征討蘇魯、馬那邦等社原住民。

劉銘傳設撫墾局，番學堂。

1887 　清光緒 13 年　3 月，創辦西學堂，延聘洋人爲教習。

3.24 清廷命邵友謙爲台灣布政使。

3.30 劉銘傳奏請官督商辦建築台灣鐵路。

7.9 清廷任命吳宏洛爲第 1 任湖湖總兵官。

8.23 連接福州和滬尾的海底電報線完工。

9.8 更改台灣地方制度，全省劃分 3 府、1 州、2 廳、11 縣。

1888 　清光緒 14 年　2.10 開辦台灣郵政。

8.29 爆發施九緞事件（抗議土地丈量不公），9.22 林朝棟率兵平定。

11.6 清廷同意劉銘傳的建議，將鐵路改爲官辦。

急公好義坊（表揚急公好義建在台北）落成。

清賦完成，清查出大筆隱田，實施「減四留六」措施。

1889	清光緒 15 年	苗栗黃南球與北埔姜家合組「廣泰成」墾號。
1890	清光緒 16 年	8.20 劉銘傳因委託英商辦理基隆煤礦事件，遭受革職留任處分。
		洋行買辦出身的李春生，出任蠶桑局局長。
1891	清光緒 17 年	10.22 台北至基隆段鐵路完工。
		10.22 邵友濂正式接任福建台灣巡撫。
		11.24 清廷命唐景崧出任福建台灣布政使。
		林如梅設立「金恆勝」墾號，在苗栗南庄地區製造樟腦。
		甘為霖創辦台灣第 1 所盲人學校「訓瞽堂」。
1892	清光緒 18 年	2.1 開設台灣金砂總局於基隆，並於暖暖、四腳亭、瑞芳、頂雙溪等地設立分局。
		5.27 蔣師轍應聘為台灣通志總纂，擔任修志工作。
		林豪主纂「澎湖廳志」成書。
		丈單發放作業完成，撤銷清賦局。
1893	清光緒 19 年	1.6 邵友濂停止新竹以南鐵路建設計劃。
		11 月，台北至新竹段鐵路完工。
		胡傳出任台東直隸州知州。
1894	清光緒 20 年	1.15 邵友濂奏請將省會由橋孜圖改為台北。
		8.1 日本因明治維新後國力強盛向中國宣戰，甲午戰爭爆發。
		9.17 黃海海戰，日本聯合艦隊擊潰中國北洋艦隊。
1895	清光緒 21 年	3.26 日軍佔領澎湖。
		4.17 清代表李鴻章與日代表伊藤博文在日本春帆樓簽訂「馬關條約」。清承認朝鮮獨立，割讓遼東半島、台灣、澎湖列島予日本。
		5.10 日本命海軍大將樺山資紀為台灣第 1 任總督。
		5.25「台灣民主國」成立，唐景崧就任總統。
		5.29 日本近衛師團於台北鹽寮海岸登陸。
		6.2 李經方繼李鴻章與樺山資紀完成交割。
		6.7 日軍攻佔台北城。
	日明治 28 年	
		6.17 台灣總督府舉行「始政」典禮。
		6.22 日軍攻破新竹城。
		6 月，伊澤修二創立「國語傳習所」。
		8.6 總督府開始實施軍政。
		8.9 位於新竹與苗栗間之尖筆山之役，台灣新楚軍統領楊載雲戰死。

8.14 苗栗失陷。

8.28 八卦山之役，彰化城失陷，吳湯興、吳彭年戰死。

10.19 劉永福潛回大陸。

10.21 台南失陷，台灣民主國滅亡。

10.28 日本能久親王於台南病亡。

1896　日明治 29 年　1.1 新竹胡嘉猷、台北陳秋菊、淡水林李成等人突襲台北，芝山岩學堂 6 位學務官員遭日份子襲擊而死。

1 月，日人長野義虎橫越中央山脈成功。

3.3 日本政府公佈「六三法」。

4.1 撤廢軍政，開設 3 縣（台北、台中、台南），1 廳（澎湖）；台灣歸由新設置的拓務省管理。

4.7「台灣鐵道會社」成立。

5.18 開辦日本與台灣之間的定期航路。

6.2 桂太郎就任第 2 任總督。

6.17「台灣新報」發行。

7.26 總督府衛生顧問爸爾登抵台。

9.25 發佈「國語學校規則」。

10.14 陸軍中將乃木希典就任第 3 任總督。

12.5 抗日簡義歸順。

1897　日明治 30 年　1.11 深堀安一郎上尉率領橫貫中央山脈探險隊出發，2.14 失蹤。

1.21 發佈「台灣阿片令」，實施鴉片專賣。

5.8 國籍選擇日到期。

5.27 更改地方制度，設立 6 縣（台北、新北、台中、嘉義、台南、鳳山）及 3 廳（宜蘭、台東、澎湖）。

6.26 開始實施「三段警備制」。

10.25 日人島居龍藏前往蘭嶼，從事人類學調查。

12.16 總督府高等法院院長高野孟炬因起訴受賄官員，遭停職處分。

1898　日明治 31 年　2.26 兒玉源太郎就任第 4 任總督。3.2 後藤新平任民政局長。

5.1「台灣日日新報」創刊。

6.20 變更總督府官制，地方制度改為 3 縣（台北、台中、台南）及 3 廳（宜蘭、台東、澎湖），下轄 44 辦務署。

6.20 撤除「三段警備制」。

6.30 總督府醫院正式定名為「台北病院」。

7.17 發佈「台灣地籍規則」及「台灣土地調查規則」。

7.19 改法院三審制爲二審制。

7.28 發佈台灣公學校與小學校官制。

7.28 林火旺率領部下 300 餘人歸順，這是第 1 次「土匪歸類」。

8.6 暴風雨肆虐，台北水患成災。

8.31 總督府發佈「保甲條例」。

9.5「土地調查局」正式運作，負責執行土地調查。

9.10 簡大獅於芝山岩宣誓歸順。

11.5 總督府發佈「匪徒刑罰令」。

1899	日明治 32 年	1.30 陳秋菊歸順。

3.17 黃國鎮歸順。

3.22 公佈「台灣事業公債法」。

3.23 柯鐵、賴來福等歸順。

4.1「總督府醫學校」創立。

4.26 食鹽列入專賣。

5.12 林少貓歸順。

9.26 台灣銀行正式開業。

10.2「台北師範學校」開校。

11.8 成立總督府「鐵道部」，民政長官後藤新平兼任部長，長谷川謹介任技師長。

1900	日明治 33 年	2.6 台北中醫師黃玉階發起「台北天然足會」，宣傳「解纏足」運動。

2.9 抗日三猛之一，柯鐵病死。（三猛：北部簡大獅、中部柯鐵、南部林少貓。）

3.15 舉辦「揚文會」，進士、舉人、秀才等 146 人與會。

3.22 林火旺被處死。

3.25 台灣守備隊編纂，「台灣史料」成書。

3.29 簡大獅被處死。

6.2 台北淡水河堤防完工。

11.28 台南至打狗間鐵路通車。

12.10 三井財閥投資的「台灣製糖株式會社」創立。

1901	日明治 34 年	1.15 由台灣慣習研究會發行的「台灣慣習記事」創刊。

1.27「台灣文庫」成立於台北「淡水館」。

6.1 台灣總督府成立專賣局，原樟腦局、鹽務局、製藥所統歸專賣局

管轄。

7.4 發佈「台灣公共埤圳規則」。

9 月，新渡戶稻造提出「糖業改良意見書」。

10.25 發佈「台灣舊慣調查會規則」，設臨時台灣舊慣調查會。

11.9 變更地方制度，廢除 3 縣及各辦務署，全島分為 20 廳。

| 1902 | 日明治 35 年 | 3.31 高木友枝被任命為台北病院院長。 |

7.6 爆發「南庄事件」。

1903　日明治 36 年　12 月，「鹽水港製糖會社」創立。

1904　日明治 37 年　2.10「日俄戰爭」爆發。

5.20 總督府發佈「大租權整理令」，企圖消滅「一田多主」現象。

10.10 陳中和創設「新興製糖會社」工廠落成。

11.4 第 1 所番童教育所在嘉義達邦社開設。

1905　日明治 38 年　1 月，公佈番社調查結果：全島番社總數 784 個，人數 103,360。

5.13 台灣全島及澎湖實施戒嚴，7.7 解除。

7 月，台灣第 1 座發電廠（龜山發電所）完工。

9.7 簽訂日露（俄）和平條約，日俄戰爭結束。

10.1 彰化銀行正式開業。

12.12 恆春番社大頭目潘文忠過世。

12.29 台北官民於淡水館舉行「兒玉總督凱旋歸府」歡迎大會。

3.17 嘉義地方發生強烈地震，造成 1100 多人喪生。

「調查經濟資料報告」出版。

1906　日明治 39 年　5.23 陸軍大將佐久間左馬太就任第 5 任總督。

11 月，「明治製糖株式會社」創立。

12 月，「大日本製糖株式會社」創立。

1907　日明治 40 年　1.1「三十法」開始生效。

11.15 爆發「北埔事件」（蔡清琳居民叛日）。

1908　日明治 41 年　1.30 藤田組放棄經營阿里山森林計畫。

4.20 縱貫鐵路全線通車。

1909　日明治 42 年　10.1 石坂莊作於基隆開設「石坂文庫」。

10.25 變更地方制度，原設 20 廳，縮減為 12 廳。

10.25 總督府下新設「番務本署」，下年度（1910）起開始實施「五年理番計畫」。

1910　日明治 43 年　4.1 臨時台灣舊慣調查會編「台灣私法」共 13 冊告成。

5.9 總督府發動「大嵙崁之役」武力征討泰雅族。

10.30 公佈「台灣山野調查規則」。

1911　日明治 44 年　2.8 阿里山鐵路通車。

2.11 黃玉階發起「斷髮不改裝會」。

8.26 至 30 豪雨成災，南北交通斷紐。

1912　日明治 45 年　3.23「三菱製紙會社」竹林糾紛引發「林圯埔事件」劉乾向鄉民散佈反抗總督府言論。

6.27 爆發「土庫事件」。

1913　日大正 2 年　1.2 台灣第 1 條汽車客運，台北至圓山間通車。

4 月，破獲張火爐大湖陰謀事件。

10 月，破獲關帝廟事件（李阿齊招募信徒，為父報仇）。

11.20 爆發「苗栗事件」，12.18 主謀羅福星被捕。

12.2 爆發「東勢角事件」主謀賴來。

12 月，京都帝國大學法學教授編纂「清國行政法」全部完成。

1914　日大正 3 年　4.1 長老教會創辦淡江中學。

4.5 台北圓山動物園開始營業。

5.7 爆發「六甲事件」。

5.17 佐久間左馬太總督親率軍警發動「太魯閣番之役」，6.26 他在戰場上，墜崖受傷，戰爭 8.19 結束，佐總督翌年 8 月 1 日去世。

8.23 日本對德國宣戰，正式介入第一次世界大戰。

9.19 佐總督赴日報告五年理番計畫完成。

11.12 板垣退助來台，為「同化會」催生（以平等無差別對待台灣人）

12.20「台灣同化會」成立。

1915　日大正 4 年　2.3 公佈「中學校官制」，公立台中中學校核准成立。

5.1 安東貞美就任第 6 任總督。

8.3 爆發「噍吧哖事件」。主謀余清芳以西來庵借宗教發動暴力。

8.9「總督府圖書館」正式開館。

9.6 處死羅俊。

9.23 處死余清芳。

10.20 下村宏就任民政長官。

「番族慣習調查報告」等成書。

1916　日大正 5 年　4.16 逮捕噍吧哖事件主犯之一江定，9.13 處死。

4.20 台北圓山動物園落成開放。

1918	日大正 7 年	6.6 陸軍中將明石元二郎就任第 7 任總督，7.22 到任。
		夏，林獻堂等人，在東京發起六三法撤廢運動。
		東京台灣留學生組成「啟發會」。
1919	日大正 8 年	1.4 公佈「台灣教育令」。
		3.15 林熊徵等創立「華南銀行」。
		4.19 農林專門學校創立。
		8.1 台灣電力式會社創立，高木友枝擔任第 1 任社長。
		8.19 制定「台灣軍司令部條例」，明石總督就任第 1 任台灣軍司令官。
		10.29 田健治郎出任第 1 位文官總督，以「內地延長主義」為政策。
1920	日大正 9 年	1.11 東京台灣留學生結成「新民會」。
		7.16「台灣青年」創刊。
		7.27 地方行政制度變更，全島劃分為 5 州、2 廳，下轄 3 市、47 郡。
		11.21 警察飛行班基地所在地—屏東飛機場落成。
		顏雲年創立「台陽礦業株式會社」。
1921	日大正 10 年	1.30 林獻堂等人向帝國議會提出「設置台灣議會請願書」，從此展開「台灣議會設置請願運動」。
		6.1 成立「總督府評議會」，任命 24 名評議員。
		8.2 總督府「中央研究所」創立。
		10.17「台灣文化協會」成立，林獻堂出任總理。
		11.12 連雅堂完成「台灣通史」書。
		本年度「番族調查報告書」全部刊行完畢。
1922	日大正 11 年	1.1「法三號」生效，同時「三一法」廢除。
		2.6 修正「台灣教育令」，除普通學校、公學校外，所有學校都依據日本內地學制實施。
		4.1 開始實施日台「共學制」。
		4.23 總督府高等學校舉行開學典禮，為台灣最初的最高教育機關。
		7.24 總督府設置史料編纂委員會。
		12.16 杜聰明取得京都帝國大學醫學博士學位，成為台灣人第 1 位博士。
1923	日大正 12 年	1.30「台灣議會期成同盟會」成立。
		1 月，勸業銀行台北分行成立，跨足台灣金融界。
		2.9 顏雲年去世，顏國年出掌台陽礦業會社。
		4.15「台灣民報」在東京發刊。

4.16 東宮太子（後來登基爲昭和天皇）抵台，視察旅行 12 天。

9.1 發生「關東大地震」。

1924　日大正 13 年　3.1「治警事件」，蔣渭水、蔡培火等 14 名被起訴。

4.21 張我軍發表「致台灣青年的一封信」，抨擊文學。

8.18「治警事件」一審判決，所有被告獲判無罪。

10.29「治警事件」終審，蔡培火、蔣渭水判處 4 個月，林呈祿、陳逢源、蔡惠如等 5 名判處 3 個有期徒刑。

11.30 宜蘭鐵路完工。

1925　日大正 14 年　3.11 楊雲萍等出版「人人雜誌」。

4.22 公佈「治安維持法」。5.12 起於台灣地區實施。

6.1 台北橋竣工。

6.28 李應章成立「二林蔗農組合」，爲台灣農民運動的嚆矢。

10.22 蔗農與林本源制糖會社發生衝突，引發「二林事件」。

11.15 簡吉、黃石順等人成立「鳳山農民組合」。

莊垂勝等人創辦「中央書局」（在台中）。

1926　日大正 15 年　1 月，楊逵、許乃昌、蘇新等人在東京成立「台灣新文化學會」。

3.27 花東鐵路全線通車。

6.14 總督伊澤多喜男爲「蓬萊米」命名。

6.14「曾文農民組合」成立。

6.28 簡吉、趙港、黃石順等人發起「台灣農民組合」。

7.3 森丑之助在基隆港登船後失蹤。

8.14「總督府高等商業學校」改名爲「台北高等商業學校」。

1927　日昭和 2 年　1.3 文協正式分裂，連溫卿提新綱領。

2.1 總督府解散「黑色青年聯盟」，44 名無政府主義者被捕。

7.10「台灣民衆黨」成立。

8.10「台灣民報」正式在台灣發行。

10.27 第 1 屆台陽美展開辦。

1928　日昭和 3 年　2.19 台灣工友總聯盟結成，共 29 團體，6367 人。

3.17 台北帝國大學創校。

4.15 謝雪紅等人於上海成立「台灣共產黨」（日本共產黨台灣民族支部）。

7.14「建功神社」舉行鎮座儀式。

9.12 伊能嘉矩「台灣文化志」出版。

1929　　日昭和 4 年　3.29「台灣民報」改名「台灣新民報」。

7.30 石塚英藏出任第 13 任總督。

10.10 矢內原忠雄「帝國主義下的台灣」刊行。

1930　　日昭和 5 年　4.10 總工程師八田與一「嘉南大圳」完工。

4.12 總督府成立「臨時產業調查會」。

8.17「台灣地方自治聯盟」成立。

9.9「三六九小報」創刊。

10.27 爆發「霧社事件」，馬赫坡頭目莫那魯道率族人起事，霧社地方
134 名日本人被殺。

12.20 雕塑大師黃土水於東京逝世，享年 36 歲。

本年度總督府開始進行「番地開發調查」。

1931　　日昭和 6 年　1.5 王敏川當選新文協中央委員。

1.16 台灣總督石塚英藏因霧社事件引咎辭職。

2.18 台灣民眾黨被勒令解散。

6.1 張維賢、楊木元等創立「民烽劇團」。

1932　　日昭和 7 年　1.1 郭秋生等人出版「南音」，提升台灣文藝。

3.20 巫永福、張文環、白玉淵等人在東京成立「台灣藝術研究會」。

10.26 明治橋（今中山橋）新建工程完工。

11.28 菊元百貨店落成，為台灣第 1 家百貨公司。

葉清耀自明治大學畢業，成為台灣第 1 位法學博士。

1933　　日昭和 8 年　5.15 台北帝大刊行「新港文書」。

7.15「福爾摩沙」雜誌創刊。

10.2 施乾創立「愛愛寮」，收容乞丐。

1934　　日昭和 9 年　5.6「台灣文藝聯盟」於台中創立，賴和出任委員長。

6.3 日月潭發電計畫完工。

7.3 辜顯榮任貴族院議員。

7.16 台灣自治聯盟向日本內閣提出統治意見書。

8.5 台灣銀行總行新建工程舉行開工典禮。

8.11 東京台灣同鄉會舉辦「鄉土訪問演奏會」。

9.2 林獻堂等 30 人會談，決定停止「台灣議會設置請願運動」。

11.3 飛行員楊清溪在台北練兵場墜機身亡。

11.5 張深切等人創辦「台灣文藝」雜誌。

11.10 台陽美術協會創立。

12.17 大日本製糖與新高制糖兩家公司簽訂合併草約。

陳進入選本年度帝展，成爲台灣第 1 位獲此殊榮的女畫家。

巴克禮結束在台半個多世紀的傳教事業，返回英國。

台北帝大於本學年增設「熱帶醫學研究所」，致力於熱帶醫學研究。

| 1935 | 日昭和 10 年 | 1月，呂赫若發表處女作「牛車」，本名呂石堆，一生創作以反封建爲主。 |

4.21 新竹、台中州發生大地震，受災人數高達 35 萬人。

5.14「熱帶產業調查會」成立。

10.10 起舉辦「始政四十年紀念博覽會」至 10.28 閉幕。

11.22 舉辦台灣第 1 次地方（市、街、庄）議員選舉。

1936　日昭和 11 年　1.1「台灣新文學」雜誌創刊，由楊逵、楊守愚負責編輯。

9.2 小林躋進就任第 17 任台灣總督。

12.5「台灣拓殖株式會社」正式開業。

1937　日昭和 12 年　7.15 總督府命令「台灣地方自治聯盟」解散。

9.10 總督府設立國民總動員本部。

9.27 台灣人軍伕首度被徵調赴中國戰場。

12.1 台灣神職會發表「正廳改善實施要項」，企圖主導統一「正廳改善」運動。

12.27「大屯」、「新高阿里山」、「次高」、「太魯閣」等 4 處被指定爲國立公園。

台北州開始推行「國語家庭」，各地紛紛仿效。

1938　日昭和 13 年　4.2 公佈「台灣農業義勇團」招募辦法，4.26 出發前往上海，從事軍用蔬菜栽培工作。

5.3 總督府宣佈在台灣實施「國家總動員法」。

1939　日昭和 14 年　1.31 總督府諭告各地方政府，應愼重從事「寺廟整理」，並尊重民意。

5.19 總督府宣佈皇民化、工業化、南進基地化等 3 大政策。

9.25 新高港開工典禮在梧棲盛大舉行。

1940　日昭和 15 年　1.1 西川滿、黃得時等人創辦「文藝台灣」雜誌。

2.1 總督府修訂戶口規則，允許台灣人改姓名。

5.27 發生「瑞芳事件」，李建興等人被捕。

9.27 日、德、義簽訂「三國同盟」。

11.27 長谷川清就任第 18 任台灣總督。

1941　日昭和 16 年　4.1 廢除小學校、公學校，一律改稱「國民學校」。

4.19「皇民奉公會」成立，由台灣總督擔任總裁，積極推展「皇民化運動」。

7.15「民俗台灣」發刊。

10.27 總督府召開「臨時經濟審議會」，決定改變「農業台灣工業日本」的現狀，朝向「農業南洋工業台灣」目標邁進。

12.7 日軍偷襲珍珠港，太平洋戰爭爆發。

1942	日昭和 17 年	4.1 第 1 批台灣陸軍志願兵入伍。

5.8「大洋丸」軍艦，遭美軍潛水艇擊沉，八田與一殉難。

12 月，西川滿、龍英宗、張文環等人出席「大日亞文學者大會」。

鷲巢敦哉主編「總督府警察沿革誌」完成刊行。

1943	日昭和 18 年	2.11 西川滿、濱田隼雄、張文環獲得皇民奉公會文學獎。

4.1 六年制義務教育開始實施。

4.12「台中高等農林學校」創立，翌年改稱「台中農林專門學校」。

5.12 實施海軍志願兵制度，截至 7 月底止應徵者達 31 萬 6 千人。

11.27 中、美、英發表「開羅宣言」。

1944	日昭和 19 年	4.1 合併台灣所有報紙成立台灣新報。

4.17 中國國民黨在重慶成立「台灣調查委員會」。

12.30 安藤利吉就任第 19 任台灣總督兼台灣軍司令官。

1945	日昭和 20 年	4 月起台灣全面實施徵兵制度。

5.31 台北市遭受美軍空襲，總督府亦受波及。

5 月，吳濁流撰成「亞細亞的孤兒」。

7.26 發表「波茨坦宣言」。

8.6 美軍在日本廣島投下第 1 顆原子彈。

8.8 蘇聯對日宣戰。

8.9 美軍在日本長崎投下第 2 顆原子彈。

8.14 日本政府通告美、英等國，接受「波茨坦宣言」。

8.15 日本天皇透過廣播，發佈終止戰爭詔書。

民國 34 年

9.20 國民政府發佈「台灣省行政長官公署組織條例」。

10.25 中日雙方在台北公會堂（今中山堂）舉行台灣受降典禮。

10.25 台灣省行政長官公署正式開始運作，陳儀為第 1 任長官。

11.1 台灣省行政長官公署開始進行各項行政接收，另設立「接收委員會」負責產業接收。

11.15 台北帝大接收完畢，改組爲「國立台灣大學」。

| 1946 | 民國 35 年 | 1 月，設立「日產處理委員會」。 |

3 月，台灣省編譯館成立。

4.2「台灣省國語推行委員會」成立。

4 月，除分散各地的衛生機關外，行政部門接收完畢。

5.1「台灣省參議會」成立。

5.1 日本在台生產事業接收完畢，改組成立「中國石油公司高雄煉油廠」、「台灣金銅礦」、「台灣鋁廠」、「台灣糖業有限公司」、「台灣電力有限公司」、「台灣紙業有限公司」、「台灣肥料有限公司」、「台灣水泥有限公司」、「台灣機械造船有限公司」、「台灣製鹼有限公司」。

5.20 台灣銀行改組完畢。

8.29 林獻堂率致敬團赴南京。

1947　民國 36 年　1.1「中華民國憲法」公佈。

2.27 台灣省專賣局台北分局緝委員因取締私煙引發民衆衝突，導致煙販及民衆死傷。

2.28 緝煙事件引發群衆示威，事態擴大引發「二二八事件」。

3.2 陳儀同意成立「二二八事件處理委員會」。

3.7 二二八事件處理委員會向陳儀遞交處理大綱，陳儀拒絕接受。

3.8 台灣行政長官公署宣佈二二八事件處理委員會爲非法組織，國軍增援部隊陸續到達。

3.9 警備總部下令台灣戒嚴，軍隊開始大屠殺。林茂生、陳澄波、陳炘、王添燈等人失蹤或被殺。

3.12「二七部隊」（民衆組成）退入中部山區。

3.27 國防部長白崇禧在台對全國廣播事件經過。

4.22 陳儀被免職，魏道明任省主席，成立台灣省政府。

10.25 李萬居創辦「公論報」。

12.25 中華民國憲法生效，開始行憲。

1948　民國 37 年　5.20 蔣介石、李宗仁就任第 1 任中華民國總統、副總統。

7 月，美援會成立。

10.1 農復會成立。

1949　民國 38 年　1.5 陳誠任省主席。

2.4 台灣省宣佈實施「三七五減租」，揭開「土地改革」序幕。

4.6 爆發「四六事件」，師範學校學生 200 餘人，因醞釀學潮被捕。

北大西洋公約，是以美國、英國、法國為首的歐洲防衛體系，維持「恐怖平衡」，是為冷戰。

5 月 20 日陳誠（字辭修，妻譚祥）宣佈台灣地區戒嚴。

5 月 31 日「生產事業管理委員會」成立，代理「資源委員會」。

6 月 15 日幣制改革，舊台幣 4 萬元換新台幣 1 元。

6 月 21 日開始實施「懲治叛亂條例」及「肅清匪諜條例」，以肅清匪諜為名擴散「白色恐怖」。

8 月 5 日美國總統杜魯門發表「中國白皮書」，指責蔣介石政權腐敗無能。

8 月蔣介石在鎮海會晤南韓總統李承晚，簽訂「軍事同盟條約」。

10 月 1 日下午 3 時「中華人民共和國」成立，獲得蘇聯承認。

10 月 25 日金門古寧頭戰役，國軍首次大捷。

11 月 20 日「自由中國」雜誌創刊。

12 月 7 日中華民國政府決定將首都遷往台北；12 月 8 日總統府，行政院官員從成都抵台；12 月 10 日蔣介石抵達台北。

12 月 21 日吳國楨出任台灣省主席兼保安總司令。

樂信瓦旦（林瑞昌）成為唯一原住民省議員。

| 1950 | 民國 39 年 | 2 月 6 吳三連出任台北市長，原市長游彌堅遭罷免。 |

3 月 1 日蔣介石在台灣「復行視事」。

6 月 25 日韓戰爆發。6 月 27 日美總統杜魯門發表「台灣海峽中立化」宣言，命令美軍第七艦隊巡防台灣海峽。

9 月 15 日尹仲容任生產事業委員會副主委。

地方自治實施，全台劃分為 5 市 16 縣，進行多項地方公職選舉。

楊肇嘉出任省民政廳長。

國軍從西昌、雲南撤往中緬邊界；從海南島、舟山群島撤往台灣。

2 月 24 日在克里姆林宮中共與蘇聯簽訂「中蘇友好同盟條約」。

4 月 17 日晨 3 時解放軍在海口以西登陸，攻陷海南島。

10 月 19 日中共人民自願軍渡退鴨綠江，開始「抗美援朝」。

| 1951 | 民國 40 年 | 1 月，美國恢復對台軍事援助。 |

5 月 1 日「美國顧問團」成立，陸軍少將蔡斯任首任團長。

5 月 23 日中共與西藏代表簽訂「十七條協議」和平解放西藏辦法。

5 月 25 日立法院通過「三七五減租條例」，6 月 7 日公佈施行。

5 月 30 日立法院通過公地放領辦法。

9月，二次世界大戰後，由 52 個戰勝國簽署「舊金山和約」規定台灣交由中華民國托管；琉球、釣魚烏交由美國托管。

11 月 30 日李友邦因匪諜案被捕，翌年槍決。

12 月 10 日「臨時省議會」成立，半山出身的黃朝琴、林頂立當選正、副議長。

無黨籍吳三連當選首屆台北市長。

日本與美國等 48 國簽訂「舊金山和約」，聲明放棄台灣，澎湖的主權。

1 月 1 日解放軍進駐西藏拉薩，毛澤東提出「三反」反貪污、反浪費、反官僚。1 月 9 日薄一波提出「五反」反行賄、反漏稅、反盜竊國家資財、反偷工減料、反盜竊經濟情報運動。

1952	民國 41 年	4 月 28 日簽訂中日和約。

舊金山和約日本放棄台灣、澎湖

10 月 31 日蔣經國成立「中國青年反共救國團」

農復會在農村推行「四健會」農村組織和教育方法。

中共「三反」、「五反」運動結束。

1953	民國 42 年	1 月 1 日政府開始實施第一次「四年經濟建設計劃」。

1 月 26 日「實施耕者有其田條例」公佈施行。

1 月 28 日「西螺大橋」通車，全長 1939.3 公尺，遠東第一大，世界第二。

3 月 5 日蘇聯領導人斯大林去世，斯大林生於 1879 年，享年 74 歲。

4 月 1 日吳國楨辭去省主席職務。5 月 25 日移居美國。

4 月 24 日台灣省政府公佈「耕者有其田」的實施辦法。

7 月 27 日韓戰停止。共軍死亡 197,653 人；美國 54,246 人。

「南瀛文獻」創刊，由吳新營主編。

中共開始執行第一個五年計劃，實行糧食統購統銷，開展「農業合作化運動」。

中華民國不承認外蒙古獨立。

1954	民國 43 年	3 月 1 日台灣水泥、台灣農林、台灣工礦、台灣紙業等四大公司股票上市。

3 月 14 日九族原住民名稱，由內政部正式核定，分別為泰雅、賽夏、布農、曹、魯凱、排灣、卑南、阿美、雅美。

9 月 3 日中共大舉砲擊金門。

11 月 1 日「國軍退除役官兵輔導委員會」成立。

12 月 3 日簽署「中美共同防禦條約」。

本年度開始實施大專聯考。

中共國務院成立，通過「中華人民共和團憲法。」

日內瓦會議，美國總統福斯特拒絕與中國總理周思來握手。

中共與印度簽訂「印度支那停戰協義」

3 月 22 日蔣介石出任第二屆中華民國總統、副總統陳誠。

| 1955 | 民國 44 年 | 2 月 5 日一江山戰役，國軍放棄大陳島，撤離軍民 33,777 人到台灣。 |

8 月 20 日孫立人事件，孫遭解職。此後被軟禁達 33 年，到 1988 年手登輝下令解除禁令。

中共開展肅請反革命運動。

華沙公約，由蘇聯發起成立共產黨國家政治軍事同盟。

| 1956 | 民國 45 年 | 12 月 1 日台灣省政府遷往南投縣中興新村辦公。 |

鍾理和完成小說「笠山農場」。

| 1957 | 民國 46 年 | 美軍顧問團上士兵雷諾槍殺劉自然獲判無罪。5 月 24 日憤怒的群眾搗毀美國在台大使館。 |

5 月 30 日蔣經國出任國軍退除役官兵輔導委員會主任委員。

6 月 15 日台灣第一座塑膠原料工廠，台灣塑膠工業公司高雄廠舉行開工典禮。

6 月 22 日蘇聯赫魯曉夫重新得到「二十大」選出第一書記。

6 月 28 日「蓬萊米之父」磯永吉自省政府農林廳退休，返回睽別 47 年的故鄉—日本。

蘇聯發射人類史上首顆衛星，嚇壞美國科學家。

8 月 1 日「自由中國」社論，批判「反攻大陸」說。

10 月 8 日「戰士授田」政策開始實施。

11 月 5 日「文星雜誌」創刊。

中共整風運動開始；展開反右派鬥爭。

| 1958 | 民國 47 年 | 5 月 15 日台灣警備總司令部正式成立，原台北衛戍總部，台灣省防衛總部，台灣省保安司令部，民防司令部等四單位隨之撤銷。 |

8 月 23 日下午 5 時 30 分「八二三」金門砲戰。

9 月 1 日經安會併入美援會，經濟計劃及美援計劃均由美援會統籌。

10 月 25 日中共對金門宣佈「單打雙不打」。

中共大躍進和農村人民公社化運動開始。

| 1959 | 民國 48 年 | 5 月，中華開發信託公司成立。 |

8 月 7 日「八七大水災」台灣中南部災情慘重。

（3月10日）西藏抗暴，達賴喇嘛流亡印度（3月13日達賴出送，3月31日進入印度，4月18日發表聲名）。

彭德懷等遭撤職批判，關展反右運動。

「三年大饑荒」開始。餓死二千萬人民，大躍進損失 1 千 2 百億人民幣。

| 1960 | 民國49年 | 3月8日國民代表大會審查通過，修正「動員戡亂時期臨時條款」。3月11日總統公佈施行。 |

3月21日蔣介石當選第三屆總統，3月22日陳誠當選副總統。

6月18日美國艾森豪總統抵台訪問。

6月26日中部橫貫公路通車，全長348公里，歷時3年10個月。

9月4日雷震被捕。1970年9月出獄，坐牢10年整。

9月10日「獎勵投資條例」施行。

10月8日「自由中國」雜誌被查封「中國民主黨」組黨失敗。

11月11日李萬居於公論報訴訟案中敗訴，被迫讓出經營權。

本年度開始試辦農地重劃。

中蘇交惡，7月28日赫魯曉夫撤走蘇聯在中國的科學專家1390名，並停止與中國經濟合作。

美國介入越戰。1975年北越共產攻佔南越首都西貢，結束越南戰爭。

| 1962 | 民國51年 | 2月9日證券交易所正式開業。 |

4月28日台灣電視台成立。

6月「傳記文學」創刊。

大幅度調整國民經濟，糾正左傾錯誤。

中國與印度邊境衝突。

| 1963 | 民國52年 | 9月1日美援會改組為「經合會」。 |

中共展開「學雷鋒運動」。

| 1964 | 民國53年 | 2月22日裝甲兵代司令趙之華，在湖口裝甲兵基地，煽動起義，稱「鶯歌事件」。 |

6月14日石門水庫竣工。

掀起工業學大慶、農業學大寨運動。

1月18日20時4分發生6.3白河大地震，白河、東山、嘉義為重災區，逾百人死亡。

9月，彭明敏、魏廷朝、謝聰敏印發「台灣自救運動宣言」。

10月16日蘇聯赫魯曉夫被趕下台，由勃列涅夫出任蘇共第一書記。

中共第一顆原子彈試爆成功（晚美國 19 年）。

| 1965 | 民國 54 年 | 1 月 13 日蔣經國受任國防部部長。 |

2 月 7 日美軍開始大規模轟炸北越。

3 月 5 日陳誠病逝。（1898-1965.3.5 享年 67 歲。）

5 月 14 日台獨大統領廖文毅返台。

6 月 30 日美國終止對台經援計劃。

中共成立西藏自治區。

| 1966 | 民國 55 年 | 蔣介石繼任第四屆總統，副總統嚴家淦。 |

中共開始文化大革命，四人幫：江青、王洪文、張春橋、姚文元。

12 月 3 日台灣第一個加工出口區在高雄成立。

| 1967 | 民國 56 年 | 2 月 1 日國家安全會議，國家安全局成立。 |

7 月 1 日台北市改制為院轄市。

前清宣統遜帝溥儀病逝北京。

| 1968 | 民國 57 年 | 1 月，許世賢當選嘉義市長，成為首位女性市長。 |

5 月 2 日，行政院公佈「台灣地區家庭計劃實施辦法」。

8 月 25 日紅葉少棒隊擊敗日本和歌山少棒隊。

9 月 1 日九年國民義務教育實施。

| 1969 | 民國 58 年 | 3 月在中國黑龍江邊境發生「珍寶島事件」。中國、蘇聯兩國軍隊發生武裝衝突。 |

6 月 9 日 15 時 9 分共產黨軍委賀龍被批鬥至死。

6 月 25 日蔣經國任行政院副院長。

8 月 6 日「生命線」電話，在台北市馬偕醫院啟用。

8 月 23 日金龍少棒隊首度贏得世界冠軍，引發「棒球熱」。

9 月 16 日蔣介石車隊上台北陽明山途中，追撞前導車，發生嚴生車禍。

11 月 12 日晨 6 時 45 分「中華人民共和國」國家主席劉少奇被批鬥至死（1899-1969，年 71 歲）。

林彪成為毛澤東接班人。

| 1970 | 民國 59 年 | 1 月 4 日彭明敏成功出逃至瑞典。 |

台灣獨立聯盟於 1970.1.1 成立

泰源監獄事件（2 月 8 日）

2 月 24 日中午 12 時，台灣留學生（鄭自才，黃文雄）在美國紐約廣場飯店，謀刺第五次入美訪問的蔣經國，功敗垂成。

中共成功發射第一枚人造衛星。晚蘇聯人造衛星 13 年。

1971	民國 60 年	4 月 13 日台灣本島出現「保釣魚台運動」。

6 月 15 日蔣介石提出「莊敬自強，處變不驚，慎謀能斷」的口號。

9 月 13 日林彪因暗殺毛澤東不成，搭 256 三叉戟專機從山海關出逃，於零晨 3 時墜機於外蒙古溫都爾汗肯特省，機上 8 男 1 女全身亡。

10 月 25 日中華人民共和國成為聯合國「中國唯一合法代表」，接著美國安全事務助理季辛吉密訪中國。

10 月 26 日中華民國宣佈退出聯合國。

1972　民國 61 年　蔣介石繼任第五屆總統；副總統嚴家淦。

2 月 27 日美國總統尼克森訪問中國大陸，發表「上海聯合公報」。（2 月 28 日）

6 月 1 日蔣經國接任行政院長。

9 月 29 日中日斷交。

12 月 4 日發生「台大哲學系事件。」

1973　民國 62 年　1 月 9 日省糧食局公佈「廢止肥料換穀」辦法。

10 月，中東戰爭引發第一次石油危機。

12 月 16 日蔣經國宣佈，將在 5 年內完成「十大建設」。

1974　民國 63 年　中共展開「批林（彪）批孔（子）。」

11 月 29 日 15 時 35 分「抗美援朝」志願軍統領彭德懷被「文化大革命」批鬥至死，年 76 歲。

1975　民國 64 年　4 月 5 日（清明節）晨，蔣介石去世（1887.10.31－1975.4.5，年 88 歲）。嚴家淦繼任總統。

6 月，楊弦舉辦民歌發表會，揭開「校園民歌」序幕。

8 月，「台灣政論」創刊，12 月 27 日停刊。

越戰結束。（1960 年美國介入越戰。1975 年越共攻佔南越，首都西貢淪陷，越戰結束。）

1976　民國 65 年　中共總理周恩來去世（1989－1976.1.8 晨 9 時 57 分，年 78 歲）。華國鋒繼任總理。

3 月 8 日台灣婦女社會運動。

唐山大地震（7 月 28 日）。

9 月 9 日零時 10 分毛澤東中國人民主席去世（1893.12.26－1976.9.9 零時 10 分，年 83 歲）。華國鋒下令拘捕四人幫（江青、張春橋、王洪文、姚文元），文化大革命結束。

華國鋒任中央主席。

1977　民國 66 年　8 月 17 日作家彭歌在「聯合報」副刊為文批評鄉土文學，掀起「鄉土文學

論戰」。

11 月 19 日桃園縣長選舉爆發國民黨作弊之「中壢事件許信良案」。

共產黨鄧小平恢復職務。

| 1978 | 民國 67 年 | 5 月 20 日蔣經國就任第六屆總統，副總統爲台灣省籍謝東閔。 |

中共爲求統一，向台灣提出一國兩制。

10 月 31 日南北高速公路全線通車，總長 373 公里。

12 月 16 日美國宣佈將與中華人民共和國建交。蔣經國發佈緊急命令，停辦台灣地區立法委員及國民大會代表選舉。

中共 11 屆三中全會決定「改革開放」路線。12 月鄧小平取代華國鋒。

| 1979 | 民國 68 年 | 1 月 1 日結束金門砲戰（1958.8.23－1979.1.1 前後將近 21 年）。 |

1 月 1 日中美斷交，美國與中共建交。

1 月 9 日開放出國觀光。

1 月 21 日高雄地方派系首腦余登發（黑派）因匪諜叛亂罪名被捕，引發黨外人士反彈，在高雄橋頭舉辦戒嚴以來第一次政治性示威遊行。

2 月 26 日桃園「中正國際機場」正式啟用。

3 月 16 日農復會改組爲行政院「農業發展委員會」。

4 月 10 日美國「台灣關係法」生效。

4 月 30 日美軍顧問團解散。

5 月 26 日許信良慶生活動在中壢廣場集會，約有 2 萬人參加。

6 月，康寧祥等人創辦「八十年代」月刊。

7 月 1 日火車鐵路電氣化完工。

高雄市升格爲院轄市。

8 月，黃信介等人創辦「美麗島」雜誌。

中共鄧小平時代開始。

11 月，台灣第一座核能發電廠舉行竣工典禮。

12 月 10 日爆發美麗島事件（或稱高雄事件）。

12 月 25 日北迴鐵路圓滿試車。

全球第二次石油危機

中越戰爭爆發。（鄧小平要從華國鋒手中奪取軍權，發動中越戰爭）。

| 1980 | 民國 69 年 | 2 月 1 日北迴鐵路通車。 |

2 月 28 日林義雄祖孫滅門血案。

12 月 6 日恢復台灣地區立法委員及國民大會代表選舉。

12 月 15 日新竹科學工業園區揭幕。

華國鋒辭去國務院總理，由趙紫陽接任。

| 1981 | 民國 70 年 | 3 月，國民黨第 12 次大會通「以三民主義統一中國」案。 |

7 月 3 日晨，陳文成博士陳屍國立台灣大學校園。

孫中山遺孀，中共名譽主席宋慶齡逝世。

| 1982 | 民國 71 年 | 7 月，蔣經國提出對中共「三不政策」（不接觸、不談判、不妥協）， |

4 月 14 日下午 3 時 20 分李師科進入台北土地銀行搶劫，得款 5 百多萬元。

8 月 17 日中共與美國簽訂「八一七」公報（包涵美國對台六項保證台灣關係法）。

| 1983 | 民國 72 年 | 年初，蔣經國已經不良於行，後蔣時代開始。 |
| 1984 | 民國 73 年 | 5 月 20 日蔣經國就任第七屆總統，副總統是李登輝。 |

勞工運動、原住民相關運動。

10 月 15 日爆發「江南案」，劉宜良作家，因寫作「蔣經國傳」，在美國劉宅車庫被台灣派去情治單位殺害。

香港主權移移交，中英發表聯合聲明（12 月 19 日，制度和生活方式 50 年不變。）

| 1985 | 民國 74 年 | 2 月 8 日爆發銀行「十信事件」。 |

7 月 19 日立法院制定動員勘亂時期檢肅流氓條例」。

| 1986 | 民國 75 年 | 4 月 1 日新制營業稅開始實施，稅率爲 5%。 |

6 月 24 日鹿港「反杜邦遊行」，爲民間環保抗議的開端。

9 月 28 日「民主進步黨」在台北國賓大飯店成立，政府既不承認，也不取諦。

| 1987 | 民國 76 年 | 1 月 13 日內政部宣佈取消禁止一貫道傳教的命令。 |

7 月 15 日台、澎地區解嚴。

實施近 40 年的「外匯管制」大幅放寬。

台灣地區人口總數突破 2 千萬大關。

11 月 2 日起開放中國大陸探親，並受理申請。

澳門主權移交，中葡發表聯合聲名。

| 1988 | 民國 77 年 | 1 月 1 日解除報禁。 |

1 月 10 日國際金融會議決定，對「亞洲四小龍（台灣、南韓、香港、新加坡）」施壓，促重估貨幣匯率，設法降低貿易出超。

1 月 13 日下午 3 時 50 分蔣經國逝世（1910.4.27－1988.1.13，年 78 歲。）李登輝繼任總統。

顏水龍完成「日月潭」油彩畫。

李登輝下令解除孫立人禁令（被軟禁 33 年）。

5 月 20 日中南部農民在台北街頭請願遊行，演變流血衝突「五二〇事件」。

1989　民國 78 年　4 月 7 日「自由時代」週刊社長鄭南榕自焚身亡。

胡耀邦逝世。

6 月 4 日天安門事件，趙紫陽被免職，江澤民任總書記。

東西德柏林圍牆倒塌，東歐諸國獲得自由。

1990　民國 79 年　1 月 3 日戰士授田憑據處理條例草案經立法院通過，翌年開始憑據補償發放作業。

張學良恢復自由（被軟禁 54 年）偕趙四（一荻）飛往檀香山。

3 月，野百合學運。

5 月 20 日李登輝就任第八屆總統，副總統李元簇。

7 月，李登輝召開「國是會議」。

10 月 23 日「亞太經合會」決定中共，香港及台灣同時加入。

發生「波斯灣戰爭」。

東西兩德統一，東德退出華沙公約同盟。

1991　民國 80 年　2 月 8 日「海基會」成立。

2 月 23 日國家統一委員會通過「國家統一綱領」。

5 月 1 日宣佈「動員勘亂時期」終止。

5 月 17 日立法院通過廢止「懲治判亂條例」。

5 月 20 日「五二〇遊行」，要求廢除刑法第 100 條，9 月 21 日正式成立「100 行動聯盟」。

7 月 1 日「國家建設六年計劃」開始實施。

年底，環島鐵路通車。

蘇聯解體，長達半個世紀的冷，宣告結束。

12 月 31 日老國民大會代表、老立法委員、老監察委員全數退職，終結萬年國會。

華沙公約組織宣告解散，共產國家政治軍事同盟解體。

1992　民國 81 年　4 月 19 日台北大遊行，要求總統直選。

10 月 5 日南迴鐵路通車。

11 月，彭明敏返台，海外流亡 22 年。

1993　民國 82 年　4 月 27 日「辜汪會談」首次在新加坡召開（辜振甫代表台灣；汪道涵代表中國）。

8 月 10 日新黨成立。

10 月 12 日晚上，台灣獨立建國聯盟，連任五屆祕書長王康陸博士（1941-1993.10.12，年 52 歲）於 10 月 12 日晚，在明山文化大學社團演講後從校返家，於仰德大道國安局前，離奇車禍身亡。

江澤民當選國家主席。

1994　民國 83 年　7 月 29 日「省縣自治法」、「直轄市自治法」公佈施行。

8 月 1 日將「山胞」修正為「原住民」。

10 月 5 日立法院通過大專聯考廢考「三民主義」的決議。

12 月 3 日首屆民選省長，院轄市長選舉。省長宋楚瑜；台北市長陳水扁；高雄市吳敦義。

12 月 29 日考試院宣佈：下年度起，國家考試廢考「國父遺教」、「三民主義」。

1995　民國 84 年　李登輝總統訪美，在母校康乃爾大學發表演說。

日本阪神大地震。

3 月 1 日全民健康保險正式開辦。

江澤民提出「江八點」。

台灣飛彈危機（中共恐嚇台灣總統選舉）。

1996　民國 85 年　2 月，中共向台灣海面試射飛彈，恐嚇台灣總統選舉，引爆台海危機。

3 月 28 日台灣第一條都會捷運通車。

3 月 23 日台灣地區舉行首次總統直選，李登輝、連戰當選第九屆總統、副總統。

1997　民國 86 年　2 月 18 日鄧小平去世。

7 月 1 日香港移交中國，成立香港特別行政區。

1998　民國 87 年　10 月 18 日「第二次辜（振甫）汪（道涵）會談在上海舉行。

12 月 21 日「台灣省政府舉行組織規程」正式生效，「凍省」開始（宋楚瑜是中華民國史上唯一一任民選省長）。

1999　民國 88 年　3 月 30 日「地方自治法」開始施行。

9 月 21 日凌晨 1 時 47 分發生規模 7.3 級淺層大地震，震央在南投集集附近，台中、南投地區損失慘重，全島死亡人數超過 2 千人。

李登輝提出「兩國論」。

澳門移交中國，成立澳門特別行政區。

2000　民國 89 年　3 月 18 日陳水扁、呂秀蓮以 4,977,697 票當選第十屆總統、副總統，打破國民黨一黨執政的局面。

4 月，親民黨成立，宋楚瑜任主席。

2001	民國 90 年	台灣與中國大陸「小三通開始」。

台灣與中國大陸「小三通開始」。

加入世界留易組織。

9 月 11 日美國「911 事件」。

2002　民國 91 年　胡錦濤任中共總書記。

2003　民國 92 年　兩岸首次包機直航。

胡錦濤任國家主席；溫家寶爲國務院總理。

2004　民國 93 年　2 月 28 日李登輝領導全台手牽手護台灣（下午 2 時 28 分）。

陳水扁、呂秀蓮繼任第 11 屆總統、副總統（5 月 20 日）

胡錦濤任中共中央軍委會主席。

2005　民國 94 年　趙紫陽逝世，胡錦濤就兩岸關係提出「四不」原則，通過「反分裂國家法」。國民黨主席連戰、親民黨主席宋楚瑜先後訪問中國，與胡錦濤會面。

2006　民國 95 年　廢除「國統綱領」。

「百萬人民反貪府倒扁」運動。

李安獲得奧斯卡最佳導演獎。

國立台灣歷史博物館「林玉山百歲紀念展」。

2007　民國 96 年　郭雪湖 99 歲，獲行政院文化獎。

2008　民國 97 年　第七屆立法委員選舉，國民黨獲得壓倒性勝利。

5 月 20 日馬英九、蕭萬長當選第 12 屆總統、副總統。

「海基會」「海協會」復談，簽署兩岸周末包機直航和中國居民赴台旅遊二項協議。

北京舉辦世界奧運會。

中國大陸汶川大地震。

中國四川大熊貓「團團」「圓圓」來台。

2009　民國 98 年　兩岸定期直航啟動。

7 月 5 日新疆烏魯木齊七五事件，維吾爾族上街遊行要求處理工人被打死一事，運動升級，變成針對漢族平民的暴力襲擊，造成近 2 百人死亡，上千人受傷，維、漢關係惡化，中共轉向政治高壓。

中國大陸長江三峽大壩完工。

黃土水浮雕「水牛群像」被文化部認定爲國寶。

2010　民國 99 年　兩岸簽訂 ECFA「經濟合作架構協議」。

上海舉辦「世界博覽會」。

8 月 7 日中國甘肅省甘南蒙族自治州舟曲縣 40 多分鐘暴雨使得土石沖進縣域，形成堰塞湖，造成 1557 人死亡，208 人失蹤。

2011	民國 100 年	中華民國 100 週年。
		8 月中國首艘航空母艦「遼寧號」下水。
2012	民國 101 年	習近平任中共總書記，中央軍委主席（12 月）。
		馬英九連任第 13 屆總統；副總統是吳敦義。
		10 月，前民進主席謝長廷參觀「世界調酒大賽」訪問大陸，並到福建「祭祖」。
		推動兩岸直航，擴大兩岸金融土來，放寬小三通，加強兩岸農產口合作。
2013	民國 102 年	四川大地震。
		「一帶一路」卽古絲綢之路經濟帶和 21 世紀海上絲綢之路的簡稱，是中華人民共和國於 2013 年倡議並主導的跨國經濟帶，被視爲習近平「大國外交」戰略的核心組成部分（習 2012 年任國家主席）。
		4 月 10 日，台灣與日本簽訂「台日漁業協議」。
		2 月 12 日北韓第三次核試爆，第一次是 2006 年；第二次是 2009 年。
		8 月 18 日發生拆政府事件。
		李安再次獲得奧斯卡最佳導演金像獎。
		2 月，連戰訪問北京與習近平會見；6 月，吳伯雄訪問北京與習近平會見。
2014	民國 103 年	正式實施 12 年國民教育。
		發生「太陽花學運」兩岸服務貿易協家暫緩。（3 月 18 日至 4 月 10 日。）
2015	民國 104 年	5 月 7 日林玉山登錄國寶。
		馬（英九）習（近平）會，海峽兩岸最高領導人，於 11 月 7 日在新加坡首次會面。
2016	民國 105 年	5 月 20 日蔡英文、陳建仁當選第 14 屆總統、副總統。首位女性總統；台灣第三次政黨輪替。
		美濃大地震。
2017	民國 106 年	台北舉辦夏季世界大學運動會。
2018	民國 107 年	美國參議院與眾議院通過「台灣旅行法」。
		美中貿易戰。
2019	民國 108 年	5 月 24 日通過「同志婚姻法」。這是台灣近期性別相關議題重大突破。
		8 月 23 日民眾黨成立，柯文哲任黨主席。
		香港反送中運動 3 月 15 日至 6 月 9 日。
2020	民國 109 年	3 月，發生全球性 Covid-19 武漢肺炎（流行性）。
		晶片危機。

5 月 20 日蔡英文連任第 15 屆總統；副總統賴清德。

7 月 30 日李登輝病逝，享年 97 歲（1923-2020.7.30）。

2022　民國 111 年　4 月 8 日彭明敏病逝於台北和信治癌中心，享年 99 歲（1923-2022.4.8）。

2 月俄羅斯開始侵略烏克蘭。

2023　民國 112 年　8 月 19 日蘇聯「俄羅斯號」月球探測器墜毀。

10 月 28 日 10 時 30 分台灣製造「海鯤號」潛艦，由蔡英文總統主持下水典禮。

10 月 7 日哈馬斯突擊猶太人，爆發以哈戰爭。

2024　民國 113 年　2 月 16 日慕尼黑安全會議。

國家圖書館出版品預行編目資料

中國與台灣歷史大事年表／簡清堯編撰. --二
版. --臺中市：白象文化事業有限公司，2024.7
　　面；　　公分
　　ISBN 978-626-364-357-4（平裝）

1.CST: 中國史 2.CST: 臺灣史 3.CST: 年表

610.5　　　　　　　　　　　　113006184

中國與台灣歷史大事年表

編 撰 者　簡清堯
校　　對　簡清堯
發 行 人　張輝潭
出版發行　白象文化事業有限公司
　　　　　412台中市大里區科技路1號8樓之2（台中軟體園區）
　　　　　出版專線：（04）2496-5995　　傳真：（04）2496-9901
　　　　　401台中市東區和平街228巷44號（經銷部）
　　　　　購書專線：（04）2220-8589　　傳真：（04）2220-8505
出版編印　林榮威、陳逸儒、黃麗穎、水邊、陳婥婷、李婕
設計創意　張禮南、何佳誼
經紀企劃　張輝潭、徐錦淳
經銷推廣　李莉吟、莊博亞、劉育姍、林政泓
行銷宣傳　黃姿虹、沈若瑜
營運管理　林金郎、曾千熏
印　　刷　百通科技股份有限公司
初版一刷　2023 年 5 月
二版一刷　2024 年 7 月
定　　價　250 元